COLEÇÃO
GRANDES OBRAS
VERMELHO MARINHO

TENTAÇÃO

ADOLFO CAMINHA

1ª EDIÇÃO - 2019
RIO DE JANEIRO, RJ

Editor-chefe:
Tomaz Adour

Revisão:
Equipe Vermelho Marinho

Projeto Gráfico:
Editora Estronho (Marcelo Amado)

Arabesco da arte da capa e miolo:
Garry Killian

Texto revisado e atualizado conforme definições do novo Acordo Ortográfico da Língua Portuguesa de 2009.

Caminha, Adolfo
Tentação / Adolfo Caminha
Rio de Janeiro: Vermelho Marinho, 2019.
134 p. 14 x 21cm
ISBN: 978-85-8265-155-1
1. Literatura Brasileira. 2. Clássicos. 3. Título.
CDD B869

EDITORA VERMELHO MARINHO USINA DE LETRAS LTDA
Rio de Janeiro — Departamento Editorial:
Avenida Gilka Machado, 315 — bloco 2 — casa 6
Recreio dos Bandeirantes — Rio de Janeiro — RJ
CEP: 22795-570

www.editoravermelhomarinho.com.br

VERMELHO MARINHO

A RAUL POMPEIA,

o mais original e correto escritor brasileiro de seu tempo.

TENTAÇÃO

Capítulo 1

— Ora, sempre vamos ao Rio de Janeiro, ao grande e espetaculoso Rio de Janeiro! — exclamou Evaristo, pousando o chapéu, com ar de triunfo. — É como lá diz o outro: — quem espera... Eu nunca me enganei com o Luís... nunca!

Saíam-lhe em jorro as palavras, num tom quente de vitória, de aclamação, de regozijo.

Adelaide não o compreendeu logo, e, sem o compreender, exultava diante da intempestiva alegria do marido, com os olhos nele, ansiosa.

— Que é, homem de Deus, que foi... Que mistério!

— Nada, filha, nada; estamos aqui, estamos no Rio de Janeiro — ouviste? — no grandioso Rio de Janeiro!

Ela sorriu com um muxoxo:

— Brincadeira!

— Brincadeira? Telegrama do Luís Furtado. Um emprego no Banco Industrial...

— Que é do telegrama? — perguntou Adelaide, arredando o cabelo dos olhos e com o mesmo sorriso de incredulidade.

— Cá está, no bolsinho; recebi quando menos esperava.

E, desdobrando o papel:

— "Emprego Banco Industrial garantido. Venha. — Luís."

Foram entrando ambos para a sala de jantar — Evaristo um pouco apressado.

— Tu não imaginas — ia ele dizendo, sem se voltar para a mulher —, tu não imaginas como estou alegre! No Rio de Janeiro a coisa é outra! Um homem adquire relações, ganha fama e, quando pensa, tem sua economiazinha... Quem vai ao Rio, *ipso facto*[1], vai à Europa. Ora, digam lá para que me tem servido a carta de bacharel? Para nada, para coisíssima alguma! Bacharel em província é objeto de luxo e eu estou farto de misérias!

Adelaide, meio triste, perguntou-lhe se queria jantar.

— Por que não? Imediatamente. Hoje é?...

1 No texto, automaticamente.

— Terça.

— Domingo há vapor e eu tenho muito que fazer. Hoje mesmo, acabando daqui, vou telegrafar ao Luís. Manda botar a sopa.

— Jesus, que sofreguidão, Evaristo! Ao menos tira o paletó.

— Qual paletó! É daqui para o Telégrafo e amanhã, se Deus quiser, os jornais dão notícia da minha ida ao Rio. Um emprego no Banco Industrial do Rio de Janeiro é papa-fina. Já ouviste falar no Banco Industrial?

— Não.

— Pois é um excelente emprego, um empregão!

Adelaide pediu o jantar à porta da cozinha e veio sentar-se à mesa.

Eram pobres, de uma pobreza honesta e limpa. Moravam nos arredores da cidade, num lugar chamado Coqueiros, onde a vida era quieta e ninguém os ia incomodar nas horas de descanso. Assim que desciam as primeiras sombras da noite, caía todo o bairro numa extraordinária mudez, num silêncio de aldeia feliz, cortado, apenas, em noites de lua, pelo choro melancólico d'algum violão boêmio que passava dizendo histórias de amor... A própria estação do trem era um pouquinho longe da casa em que moravam.

Evaristo, porém, tinha suas ambições e não podia contentar-se com aquela vida de jesuíta. O Rio de Janeiro atraía-o para as grandes lutas, para cometimentos estrondosos, que o celebrizassem d'alguma forma. Rapazes, seus conhecidos (o Luís Furtado era um deles) viviam muito bem na Corte — formados, gozando de nomeada na advocacia, no magistério; outros, que nem sabiam o bê-á-bá do direito, elogiados na literatura, na imprensa, em tudo! Luís Furtado, por exemplo, Luís Furtado, ele o conhecia desde criança, desde os bancos colegiais, quando ambos cursavam o Liceu; eram amigos, amiguinhos como dois irmãos. Pois bem, Luís Furtado não tinha nenhum preparatório, fora péssimo estudante de latim, na aula do Padre Lustosa, de francês, e mesmo da língua de Camões; no entanto, estava muitíssimo bem colocado no Rio — podia-se dizer que era dono de jornal, influência literária e quase capitalista! E ele, Evaristo? Formado, bacharel em direito, autor de muitos escritos, no entanto era aquilo: duzentos mil réis — uma vergonha —, casa em Coqueiros, e, quanto a futuro, temos conversado!

— É ou não é verdade o que eu digo? — perguntava ele à mulher.

Esta confirmava: "— Não dizia que não; mas o tal Rio de Janeiro, o tal Rio de Janeiro..."

— Invenções, minha mulher, invenções da gente que não tem o que fazer. O Rio de Janeiro não é, nem nunca foi bicho-de-sete-cabeças. Eu leio jornais e sei bem o que aquilo é. Você verá com os próprios olhos. Falam muito nas *francesas* do Largo do Rocio, nos teatros, na jogatina. Ora, isso em toda parte há; o vício está no sangue do indivíduo; quando o homem tem de ser coisa ruim, o é no Rio de Janeiro, na Patagônia, em Paris... no inferno! Compreende agora que não me vou atirar ao luxo, ao pagode, à bandalheira. O que eu quero simplesmente, exclusivamente, é fazer pela vida, ganhar algum dinheiro, prosperar, com os diabos!

Adelaide, rapariga dócil, de coração meigo como o coração das pombas, ouvia tudo, e, em extremo confiante no marido, achava que o que ele dizia era a pura verdade. Mas não deixava de o aconselhar que pensasse bem, antes de tomar uma resolução. Nada de vexame, para depois não haver arrependimento.

— Que arrependimento! Arrependido estou eu de já não ter metido ombros a uma viagem. A província não bota ninguém pra diante. Vamos à Corte, vamos melhorar. Por que não hei de ser feliz, eu, que trabalho como trabalho, por quê? Faça de conta que comprei um bilhete. A vida é simplesmente uma loteria: questão de felicidade.

Evaristo tomou um gole d'água, para rebater a sobremesa e ergueu-se, palitando os dentes.

— Então, sempre queres ir à cidade? — perguntou Adelaide sem se mover.

— Imediatamente. Vou telegrafar ao Luís e espalhar a grande notícia!

— Mas não te demores, Evaristo; olha que fico só neste subterrâneo...

— Nada, não me demoro nada: é um pulo.

E o futuro empregado do Banco Industrial do Rio de Janeiro, depois de acender um cigarro, largou-se, numa precipitação de médico que vai a chamado urgentíssimo.

— '"Té logo, '"té logo!

Que pressa de homem! — sorriu Adelaide, ouvindo bater a porta da rua. — Que desespero!

— Nhô Varisto nem quis jantar! — acrescentou a cozinheira se aproximando.

— Tira a mesa, Balbina. Sabes que vamos para o Rio de Janeiro?

— Rio Janeiro, nhá Delaida! Onde é isso?

Uma terra muito boa, muito bonita, onde mora o Imperador...

— Ah!... Rio Janeiro...

E a preta velha ficou a olhar o teto, a olhar, com a mão no queixo, muito admirada.

— Rio Janeiro... E a velha Balbina agora tem de procurar casa?

— Não sei; o Evaristo é que há de dizer...

As duas mulheres, a velha e a moça, trocaram um olhar vago, um olhar quase sem expressão, mas onde havia uma sombra de tristeza. Balbina compreendeu, àquela simples notícia, que ia ficar abandonada no seu *rancho* de negra velha, sem ganhar dinheiro, sem emprego, sem ocupação — ela, que estimava tanto "nhô Varisto" e "nhá Delaida", e que estava tão bem naquela casa! Adelaide, por sua vez, compreendia a tristeza de Balbina — pobre criatura quase octogenária, que eles ainda conservavam por amizade, por gratidão. Balbina fora escrava do pai de Evaristo, falecido há anos. Adelaide compreendia e ficava-se também a pensar no destino da velha, com uma ponta de saudade, quase com remorso de a deixar. Porque Evaristo absolutamente não podia levar Balbina — uma mulher idosa, coitada, muito boazinha, mas muito velha, sem forças mesmo para resistir.

Entretanto, a meiga senhora não quis precipitar as coisas. Mais vale uma esperança tarde que um desengano cedo. Deu a notícia por lealdade e calou-se.

À noite voltou o marido, cerca de nove horas, com um embrulho debaixo do braço, o colarinho imprestável de suor, às carreiras.

— Cá estou! — disse entrando. — Agora é arrumar os baús e tocar! Amanhã os jornais dão a minha ida, isto é, amanhã estoura a bomba!

Evaristo chamava "estourar a bomba" ao efeito que a notícia havia de produzir entre os seus inimigos, que não eram poucos.

— Que embrulho trazes aí? — perguntou Adelaide, curiosa.

— Um paletó de alpaca para a viagem.

Adelaide cruzou as mãos, meneando a cabeça.

— Oh, homem vexado! Nem que fosses embarcar amanhã...

— Não há tempo a perder, não há tempo a perder. Faça-se logo o que se tem de fazer!

— Quando há vapor?

— Domingo: o *Maranhão*. Hoje é terça, não é? Quarta, quinta, sexta e sábado, apenas quatro dias para os preparos de viagem. Nada!

— E a Balbina? — inquiriu Adelaide.

— A Balbina fica... não há remédio. Que vai ela fazer ao Rio? Nada de criados, por enquanto; as despesas são muitas e eu não posso arcar...

O coração de Adelaide comoveu-se ante aquele decreto formal de Evaristo. — Pobre da negra: tão boazinha...

— Que queres? É a vida. Ela que procure outra casa. Está livre, está senhora de si.

E foram-se recolher, à hora acostumada, sempre falando na viagem, no embarque, nas despedidas — Evaristo arquitetando planos, construindo castelos, lembrando uma coisa, outra...

Daí a quatro dias, com efeito, embarcava o futuro representante do Banco Industrial. Foi um acontecimento, em Coqueiros, a ida de "dona Adelaide" para a Corte, um verdadeiro acontecimento, porque todos a estimavam, todos queriam bem a ela, mesmo os estranhos, que só a conheciam de vista.

Balbina chorou a noite inteira, sem deixar o cachimbo, que lhe pendia dos beiços trêmulos, fungando e resmoneando[2]. "— Só os abandonaria, quando eles, nhô Varisto e nhá Delaida, dobrassem a esquina..."

— Deixe estar, Balbina, deixe estar que hei de lhe mandar umas coisas do Rio — consolava Adelaide. — Também você já não é mulher para sair dos seus cômodos.

— É, nhá Delaida, é assim memo.

E a velha enxugava os olhos com a aba do casaco.

— E, nhá Delaida, é...

Um carro de aluguel esperava os viajantes, enquanto Evaristo, pingando suor, concluía umas arrumações no fundo da maleta, e Adelaide, assoando as lágrimas, em *toilette* de gorgorão, abanava-se na sala de jantar. — Pronto? — perguntou de repente o bacharel.

— Eu estou pronta... — respondeu a esposa, devagar, numa voz comovida.

E, daí a pouco, a velha Balbina se atirava aos pés de Adelaide, chorando, soluçando, agarrando-a espetaculosamente pelas pernas, numa dolorosa cena de lágrimas e exclamações.

---

2 Resmungando.

— Deus a leve, nhá Delaida... vá com Deus!... Não lhe hei de querer mal, não, minha filha...

Adelaide — aquele coração terno de ave mansa — chorava também, um choro mudo que pungia.

— Basta, basta! — interrompeu Evaristo, limpando a face magra. — Acabem com isso...

No fundo, ele também estava comovido, e homem nervoso, não podia ver outra pessoa chorar.

O boleeiro[3] perguntou para dentro se era só a caixa de chapéu, a maleta e a gaiola...

— Só — respondeu Evaristo.

Adelaide embarcou aos olhos curiosos da vizinhança, que tinha o ar compungido, depois embarcou Evaristo, ouviu-se um — adeusinho! — e o carro estremeceu.

Balbina, em pé no meio da rua, levava ainda uma vez a aba do casaco aos olhos.

...Foi assim que o bacharel Evaristo de Holanda se desenterrou de Coqueiros — "humilde e saudoso lugarejo de província" — como depois andava dizer, em carta aos amigos.

Figurava a Corte do Império uma terra legendária de aventuras e de muito dinheiro, onde, com algum trabalho, qualquer homenzinho podia fazer fortuna em poucos anos, ou, quando mais não fosse, galgar posições, eminências cobiçadas, conquistar nome — celebrizar-se. Devorava os jornais do Rio, na biblioteca; lia tudo quanto na grande capital se publicava em prosa e verso; não era estranho ao movimento literário, aos saltos mortais da política, às artes; interessava-se, como republicano, pela saúde do monarca e pelos escândalos mais ou menos ruidosos da Rua do Ouvidor; enfim, o Rio de Janeiro era, a seus olhos estáticos de provinciano, a quintessência da civilização — Paris em ponto pequeno.

Formado em Direito, casara aos vinte e oito anos com uma rapariga órfã, chamada Adelaide — essa de coração meigo como o das pombas — que o amava desde o primeiro ano do curso e que o vira certo domingo numa festa de igreja. Adelaide era pobre, mas isso o não demovia de suas boas intenções: queria exatamente uma moça pobre, que o idolatrasse. Ele também nada possuía, mesmo nada: estudara à custa de um parente do Rio Grande, que lhe estabelecera parca mesada até que recebesse o título de bacharel. Antes,

3 Cocheiro.

porém, do último ano acadêmico, pôde arranjar (a gente sempre se arranja...) um emprego, não muito rendoso, que conservou, a despeito da inútil carta doutoral, renunciando, com extraordinária isenção, à esmola que lhe vinha todos os meses do Rio Grande. — "Era tempo de se libertar!"

Não consultou a ninguém sobre o casamento; um belo dia soube-se que o Holanda, filho do finado juiz de direito, estava casado com uma moça pobre, mas "bonitinha"...

E estava. Casou sem ruído, sem luxo, indo logo morar em Coqueiros e acabando por achar aquilo muito fora da civilização, incompatível com a sua natureza irrequieta de homem que não veio ao mundo para morrer obscuro "num lugarejo humilde de província..."

Luís Furtado é que lhe metera na cabeça o Rio de Janeiro. — "Por que não te mudas para o Rio? — escrevia ele. — Uma coisa é a gente viver na província e outra coisa é respirar numa atmosfera civilizada. Sei de mim que estou muito bem, muitíssimo bem. Dou-me com o João Alfredo[4] e com os principais personagens da política fluminense. Minha mulher está gorda e não quer saber de outra vida; diz que o Rio de Janeiro é um paraíso (expressão dela) e que tudo o mais, que não for o Rio de Janeiro, no Brasil, é caboclada, é selvageria. O Raul, meu filho mais velho, botei-o no colégio, no Internato Meneses Vieira, por insuportável. A Julinha é que está um encanto, uma delícia! Já fala, já diz *mamãe, papai, bala, totó...* Não imaginas. É uma graça ouvi-la chamar — *diabo, diabo, diabo*! Enfim, meu Evaristo, a nossa casa, em Botafogo, se não é um palácio, também não é uma choupana... Vamos entrar na estação lírica."

E concluía instando para que o amigo fizesse um sacrifício, abandonasse aquela vida de província, trocando a monotonia de Coqueiros pela Rua do Ouvidor, pela civilização, por um chalezinho em Botafogo.

Evaristo ficava triste, mordia a ponta do bigode, passava a mão na cabeça, refletindo, parafusando, oscilando entre o presente e o futuro, entre quietação provinciana e o tumulto de uma cidade grande cheia de movimento e de sensações. '"Té que um dia, não obstante os ingênuos receios de Adelaide, optou pelo Rio de Janeiro e escreveu a Luís Furtado, autorizando-o a arranjar-lhe um emprego decente, é claro.

4 João Alfredo Correia de Oliveira (1835-1919), importante político do Segundo Reinado. Foi consecutivamente presidente das províncias do Pará e São Paulo, deputado, senador e ministro.

Meses depois Luís Furtado comunicava-lhe a sua nomeação para o Banco Industrial.

O *Maranhão* chegou ao Rio num domingo luminoso e calmo. Adelaide enjoara horrivelmente, sem sair do camarote, sem gozar dos aspectos da viagem, numa indolência estúpida, com a cabeça a doer, os olhos mortos de fadiga, debaixo dos lençóis, muitíssimo pálida. Oh, aquele maldito cheiro de azeite e de alcatrão, que vinha da proa, dava-lhe tonteiras, embrulhava-lhe o estômago, causava--lhe arrepios de náusea! Sempre meiga, porém, não se queixava, não se revoltava contra o marido, que, em parte, era o culpado. Bem que estavam tranquilos na província!

Evaristo foi de uma solicitude incomparável, de um carinho extremoso. Ela nunca o vira tão amável, se é que se podia ser mais amável do que ele sempre fora. Todos a bordo notavam que "aquele moço de paletó de alpaca amarela" trazia os criados numa roda--viva, ocupava-os a todo instante, e era só abrindo e fechando o camarote, subindo e descendo escadas, numa azáfama. E entravam bandejas e saíam bandejas com iguarias especiais, com limonadas e frutas, e Evaristo ainda achava que era pouco!

Os passageiros desconfiavam de tanta dedicação e piscavam-se os olhos e sublinhavam risinhos de instintiva malícia. Não era possível que fossem casados! Qual casados! Donde saíra aquele exemplo de marido?

E falava-se baixinho no camarote nº 16 e no moço de paletó amarelo. Um caixeiro-viajante, que só andava de binóculo a tiracolo e sombrero de cortiça, afirmou que no camarote nº 16 ia uma senhora tísica; uma ocasião vira-a, de relance, no fundo do beliche, muito magrinha, coitada, quase a morrer... Outro passageiro dizia que era a mãe do "paletó amarelo", uma velha doente de reumatismo.

Quando o *Maranhão* largou ferro, Adelaide estava pronta para desembarcar. A primeira pessoa que Evaristo viu da tolda[5] na lancha do Arsenal de Guerra foi o seu inestimável amigo Luís Furtado.

— Não é ele, ó Adelaide? — perguntou, indicando um sujeito alto, de cartola e sobrecasaca, muito aprumado na lancha.

Adelaide conhecia-lhe o retrato.

— É ele, sim, creio que é ele...

Nesse instante Luís Furtado acenava para bordo com o lenço; reconhecera o amigo; e de ambos os lados trocaram-se sinais de boas vindas.

5 Toldo. Cobertura feita de palha ou madeira destinada a abrigar carga ou passageiros.

Horas depois rodava um carro para Botafogo, conduzindo Evaristo de Holanda, a mulher e Luís Furtado.

A residência deste era uma excelente casa de dois andares, vistosa, olhando para o Corcovado, nas imediações do cemitério de S. João Batista. Morava no primeiro andar; o segundo era ocupado por uma família estrangeira de vida misteriosa.

Furtado quis mostrar que inda era amigo do seu amigo, hospedando-o em casa, acudindo-lhe às primeiras necessidades. Ele, que se gabava tanto de altas empresas no Rio de Janeiro, que dizia-se "muitíssimo bem colocado", na praça e na sociedade fluminense, que falava no Lírico, em personagens eminentes da política contemporânea, despiu a vaidade que ostentara de longe para com Evaristo, e agora fazia-se pequeno, sem importância, "humilde secretário do Banco Industrial".

— Modéstia... modéstia — opunha Evaristo, batendo-lhe amigavelmente na coxa.

Adelaide sorria.

Enquanto o carro rodava para Botafogo, iam os três conversando, abrindo-se, dizendo novidades, perguntando pelos amigos. Os três, não, porque Adelaide não falava, não dizia nada — com um ar ingênuo e tímido.

Luís Furtado provocou-a:

— Vossa Excelência que acha, minha senhora: Evaristo fez bem ou mal vindo ao Rio?

Ela sorriu ainda, mas respondeu:

— Nem bem, nem mal... — voltando-se para o marido e catando um fio de algodão que brincava na roupa dele.

— Esta minha mulher é uma santa! — gracejou Evaristo.

— Acredito, pois não! Acredito — confirmou o secretário. — Na minha opinião, todas as mulheres são umas santas...

— Oh, isso não! — exclamou o outro. — Mais devagar... Mulheres conheço eu de gênio infernal, capazes de vender... Judas!

— Qual! — duvidou Luís com uma ponta de ironia.

Certo é que ele achava qualquer coisa de puro no rosto sereno e meigo de Adelaide, uns longes de pintura religiosa, uma translucidez mística e evocadora, qualquer coisa, enfim, que não sabia determinar. Olhava-a de banda, enquanto dava atenção a Evaristo, como se quisesse gravar bem, na memória, aquele estranho tipo de brasileira.

O carro parou. Tinham chegado.

— É aqui — disse Luís.

E, rápido, adiantou-se para oferecer a mão a Adelaide.

A rua estava, como de costume, silenciosa, muito banhada de luz, na calma do meio-dia.

— Papai! Papai!

Era o filho mais velho de Luís, o Raul, que anunciava, berrando, as suas férias do domingo.

— Não é preciso gritar, meu filho, oh! — advertiu o secretário. E para Evaristo: — Cá está o meu Raul. Hoje, como é domingo, veio passar o dia em casa com a mãe.

— Um homem! — exclamou Evaristo. — Que idade tem?

— Nove anos... Não é, meu filho?

— É, sim, papai; ainda vou fazer nove.

— Um homem!

Foram subindo a escada do sobrado.

— Aqui moro eu desde 882.

— Boa casa, muito boa, tem quintal?

— Um quintalão! Hás de ver.

Em cima, no primeiro andar, houve um rumor de passos precipitados, corridinhos na ponta dos pés, e de vozes falando baixo.

— D. Sinhá está aí, papai — comunicou o Raul.

— Bem, bem...

Entraram para a sala de visitas.

— Nada de cerimônias — pediu Luís Furtado. — Vocês, agora, é como se estivessem na própria casa. Vai chamar tua mãe, Raul.

O pequeno saiu correndo.

Adelaide, contrafeita, risonha por delicadeza, mas, em verdade, bem fora dos seus hábitos, ia notando intimamente, sem expressão de surpresa no olhar, a perspectiva do início carioca. Enquanto esperava a mulher de Furtado, abstraía-se na contemplação dos objetos que a cercavam agora, cada um dos quais era uma novidade para ela. Imobilizava-se, retraída, quase esmagada pelo aspecto luxuoso e confortável da mobília, dos quadros, das tapeçarias que ornavam a sala do secretário. E aquilo dava-lhe uma volúpia de bem-estar, uns arrepios de gozo calmo e de independência honesta que estava um pouco na massa do seu sangue.

... Foi interrompida nas suas reflexões por D. Branca, esposa de Furtado, que vinha entrando acompanhada de outra senhora mais moça e do Raul.

— Oh!... — fez aquela, numa voz que não era bem de surpresa.

— Ainda te lembras da Branca, ó Evaristo?

— Como não? — disse o bacharel, erguendo-se para cumprimentar as duas senhoras. — Lembro-me bem. Está um pouquinho mudada, está...

D. Branca dirigiu-se a Adelaide, e beijaram-se.

— Sua senhora inda é muito moça! — observou a esposa de Furtado para Evaristo. E apresentando a companheira: — Esta é uma amiga nossa — D. Sinhá, filha do desembargador Lousada...

Raul, de mãos pra trás no meio da sala, não perdia palavra, remoendo ocultas intenções brejeiras.

Todos se sentaram, menos ele, e a conversa prolongou-se através dos costumes, da moda e da política.

As duas senhoras estavam em *toilette* de verão, cada uma com o seu leque fantasia. D. Branca um pouco gorda, mas ainda frescalhona, parecendo mais moça do que realmente era; a filha do desembargador muito derretida, encobrindo, sob densa camada de pó de arroz, a pele salpicada de sinaizinhos indeléveis, uma rosa Petrópolis no seio; costumava passar os domingos em casa do "Sr. Furtado", um dos bons amigos do velho Lousada.

Evaristo achou-a pedante e feia; Adelaide também, na sua mudez obstinada.

A propósito do Raul, que mereceu a atenção dos circunstantes, veio a Julinha nos braços da ama. O pai adorava-a, e tomou-a logo, num alvoroço, numa grande festa de beijos que ela — o diabrete! — repugnava, esperneando.

— Como achas minha filha? — perguntou o secretário erguendo a menina alto, nas mãos.

Evaristo, lisonjeiro, fazendo graça para a criança, achou-a muito parecida com D. Branca, muitíssimo parecida! Os olhos, então, eram os de D. Branca!

Adelaide, ao contrário, achou que ela "tinha ares do Sr. Furtado". O secretário exultou, porque, na verdade, Julinha era uma criança linda, muito rosada, muito loura, de olhos vivos e angelicais.

— Quem é aquele homem, minha filha?

A pequena encarou Evaristo, sem responder.

— Quem é? — tornou Furtado. — Olhe bem para ele... quem é?

Julinha amuou, desconfiada, e abriu a chorar.

— Ta, ta, ta... não foi nada, não foi nada! É o Evaristo, minha filha — o Evaristo!

— Menina! — ralhou D. Branca.

Mas a pequerrucha debatia-se com os pés e com as mãos, numa cólera rubra, num desespero: — Diabo! diabo! diabo!

Todos riram, todos gostaram da assombrosa precocidade!

— Saiu à mãe — explicou Furtado, agora com um ar bonachão de pai que tudo perdoa aos filhos.

D. Branca não protestou, e a menina foi conduzida para dentro. Falou-se depois nas acomodações da casa. Evaristo e a mulher iam ocupar um quarto nos fundos, defronte da sala de jantar, vizinho à área: um bom quarto espaçoso, forrado e com bico de gás.

— Tanto incômodo! — murmurou Evaristo.

— Qual incômodo!

D. Branca entrou em familiaridades com Adelaide, franqueou-lhe a *toilette,* mostrou-lhe o álbum de retratos, o vestido de seda com que fora ao último baile no Cassino, uma joia que a princesa lhe dera no dia de seus anos...

— A princesa?...

Sim, eram muito amigas, o próprio imperador podia-se dizer que era amigo do Furtado; até lhe prometera uma comissão à Europa. Sim, a princesa, por que não? A princesa dava-se com muitas famílias no Rio de Janeiro, não tinha orgulho, apertava a mão a todos... Boa senhora! A mulher do desembargador Lousada era dama do Paço, tinha intimidade com a imperatriz; por intermédio dela é que D. Branca se relacionara com a princesa.

D. Sinhá confirmou: — "A mamãe era dama do Paço..." — Entraram ganhadores[6] com a bagagem, que foi recolhida ao novo aposento de Evaristo. Raul tomou conta da gaiola dos pássaros, onde refulgiam asas de *corrupião*[7] e de *xexéu*[8]. Evaristo disse logo que o *corrupião* era do Furtado: podia garantir a espécie; o *xexéu,* ele trazia para o diretor do Banco.

E nesse andar escoou o domingo, com grande tristeza para o Raul, que no dia seguinte voltava ao colégio, pensando no *corrupião.*

Os hóspedes recolheram fatigados da viagem, morrinhentos de calor e de cansaço.

6 No texto: carregadores.
7 Ave canora de porte médio, negra e alaranjada. O mesmo que concliz.
8 Ave canora de porte médio, negra e amarela. O mesmo que baguá.

Adelaide, principalmente, queixava-se de uma dor na cabeça e de "confusão nas ideias".

Evaristo, para a consolar, disse que também estava com a cabeça a arder. Trataram de se agasalhar na cama fresca e cheirosa a sabão. Da janela do quarto via-se luz no segundo andar, e não poucas vezes ecoava embaixo, no fundo escuro da área, o som de uma cusparada.

— Então, Adelaide, que achas do povinho?

— Que povinho?

— Da Branca e do Furtado... Assim... Não se pode adiantar juízo. E a tal D. Sinhá? Oh, mulher feia!

— Credo! — murmurou Adelaide. — Feia e pedante.

— É verdade: feia e pedante.

— Fala baixo...

— Viste, ao jantar, quando ela abria a boca?

— A mãe é dama do Paço.

— Que estás dizendo!

— É. Dão-se com a família imperial.

Adelaide respondia com os olhos fechados, morta de sono, às perguntas do marido. Ele é que não tinha sono, encantado com a sua nova posição, ruminando programas de vida, conjeturando sobre o futuro, sobre o dia de amanhã.

E corria os olhos nos móveis do quarto, no lavatório de ferro, no saco de roupa, no cabide, nos menores objetos, como quem duvida de uma situação nova.

Era, então, verdade que estava no "grande" Rio de Janeiro!

O que é a gente se decidir! o que é ter-se coragem!

Meio acordado, meio dormindo, viu a casinha de Coqueiros, na província, entre árvores, a Balbina, caída aos pés de Adelaide, à hora do embarque..., o *Maranhão,* onde ia um rapazinho, estudante, que tocava flauta, e o Furtado acenando para bordo...

Capítulo 2

D. Branca era mulher que, ao simpatizar com uma pessoa, não admitia restrições, e Adelaide, fosse pelos seus bonitos olhos, fosse pelos modos — que ninguém os tinha mais acentuadamente provincianos — caiu-lhe nas graças, merecendo um lugarzinho no coração dela.

A esposa de Evaristo ficou sendo, em pouco, uma das melhores amigas da esposa de Furtado, com extraordinária satisfação para este, que não ocultava a simpatia que lhe inspirava Adelaide.

Naquela casa de Botafogo viviam todos como se constituíssem uma só família, como se Evaristo fosse irmão de Furtado e D. Branca irmã de Adelaide, intimamente unidos, querendo um o que o outro desejava, não se contrariando em coisa alguma. De manhã iam os dois homens para o Banco, à mesma hora, depois do almoço, e ficavam as duas na bela e encantadora harmonia de irmãs que se prezam, lendo, costurando, trocando confidências na sala de jantar, enquanto não chegavam os maridos — o Raul no colégio e a pequena com a ama.

Evaristo, por seu lado, ia conhecendo o Rio de Janeiro, inclusive a famosa Rua do Ouvidor, que ele pitorescamente alcunhava de "beco da perdição". Não gostava da Rua do Ouvidor; aquele zunzum de abelhas que desciam e subiam num movimento contínuo, aquela vozeria estéril dos cafés e das portas de loja, punham-no de mau humor, enchiam-lhe os ouvidos, irritavam-no, desequilibravam-lhe o sistema nervoso, ao mesmo tempo que faziam-lhe confusão no cérebro habituado à vida calma e refletida de homem honesto. — "Evidentemente nascera provinciano e havia de morrer provinciano" — dizia.

— Mas é um engano — opunha Furtado —, é mesmo uma grande tolice! O homem, para ser homem às direitas, carece de lutar, de sofrer as pequeninas misérias sociais... A natureza humana quer movimento, quer emoções... quer vida, enfim. Todos nós somos uns aventureiros que andamos à cata de filões de ouro...

Evaristo argumentava, porém, que não dizia o contrário, que tudo aquilo era uma grande verdade, mas que ninguém podia ir de encontro à natureza. Era o primeiro a reconhecer os benefícios e as incalculáveis belezas da civilização; mas também não havia negar que, a título de civilização, emitia-se muita moeda falsa, muito princípio errado — muita bandalheira!

E ficavam-se a olhar um para o outro.

O secretário do Banco Industrial conhecia o Rio de Janeiro de um extremo ao outro e gozava mesmo de muito boas relações na sociedade fluminense, não tanto quanto mandara dizer em carta a Evaristo, mas gozava. Além do desembargador Lousada, seu vizinho tinha outros amigos de alta posição na Corte, e era verdade que a princesa surpreendera D. Branca com uma joia no seu trigésimo aniversário. A herdeira do trono ficara estimando a esposa do secretário desde uma célebre noite no Cassino Fluminense. Essas relações, porém, não excediam às praxes aristocráticas, guardando-se, de lado a lado, o máximo respeito, como convinha à fidalguia imperial da ilustre senhora.

Também era verdade que Luís Furtado uma vez — primeira e última — conferenciara com o imperador no Paço e este lhe prometera rendosa comissão à Europa; mas decorriam semanas e não se realizava a imperial promessa.

Entre políticos, banqueiros e titulares, havia sempre um que era amigo de Luís: o deputado Ismael Pessegueiro, de Alagoas, moço muito bem preparado, conservador até à raiz do cabelo, baixote na estatura e no falar; o visconde de Santa Quitéria, diretor do Banco Luso-Brasileiro, cuja fortuna se avaliava em muitos contos de réis fora à casa de residência — vistoso palacete que só se abria nas grandes festas; o comendador Pinto, outra fortuna considerável, português, que se fizera a custo de muito trabalho e que encanecera no Brasil..., e outros personagens de elevada hierarquia.

Quanto a jornalistas e poetas, conhecia-os quase todos; um por um, desde o redator-chefe do *Comércio do Rio* ("O *Times* brasileiro", na opinião de Furtado), até o Valdevino Manhães, diretor da *Revista Literária* e autor de muitos livros, de muitíssimas obras, entre as quais o poema herói-cômico *Juca Pirão*, paródia ao *I-Juca-Pirama*, de Gonçalves Dias[9].

Evaristo já os conhecia também — de longe uns, outros mais familiarmente. O Valdevino Manhães, ou o *Dr. Condicional*, estava no número destes; fora-lhe apresentado uma noite, no jardim do Teatro Santana. Baixo, pequenino, metidinho a crítico, um

9 Personagem parodiando dois escritores reais: o crítico Valentim Magalhães (1859-1903), diretor da revista A Semana, e o poeta João Lopes (1859-1902), autor de A vida de seu Juca, paródia de A morte de D. João do poeta português Guerra Junqueiro.

bigodinho quase imperceptível, sempre de lunetas — era conhecido por *Dr. Condicional,* porque nunca dizia as coisas em tom afirmativo: tinha sempre um *mas...*, um *talvez...*, um *se...*, quando criticava obras alheias. Ninguém para ele era escritor *feito,* nem mesmo os consagrados: todos *haviam de ser* grandes poetas, grandes romancistas, grandes homens..., *se* continuassem a estudar. Outra mania de Valdevino Manhães era falar na sua viagem à Europa. — Oh, em Lisboa merecera os maiores elogios, as mais belas referências de quanto jornalista sabe *terçar* a pena (*terçar a pena* era uma de suas frases prediletas). O poeta João de Deus...

E ninguém o interrompia, ninguém dizia palavra enquanto ele comentava João de Deus e o Chiado.

O novo escriturário do Banco Industrial não confiava muito no Valdevino. — "Se todos os literatos do Rio de Janeiro fossem como o autor do *Juca Pirão,* a literatura brasileira tinha de pedir licença à Câmara para andar de quatro pés" — dizia ele a Furtado.

E Furtado, surpreendido:

— Pois olha: é o crítico da moda hoje, no Rio de Janeiro.

— Prefiro o visconde de Santa Quitéria ou mesmo o comendador Pinto, que ao menos têm juízo para ganhar dinheiro...

Foram andando.

Uma tarde conversavam os dois sobre a vida na Corte, sentados à janela, quando o hóspede do secretário lembrou-lhe que era tempo de procurar casa e de instalar-se definitivamente com Adelaide: — uma casinha barata, um cômodo, qualquer aposento, inda que fosse nos "subterrâneos da Cidade Nova".

— Qual instalar-te! Daqui não sairás enquanto formos amigos — respondeu Furtado. — Minha mulher gostou muito de D. Adelaide — vivem muito bem, dão-se perfeitamente... Podemos chegar a um acordo nas despesas...

— Não, isso não! Vocês têm sido muito incomodados... isso não!

— História, homem! Incomodados têm sido vocês naquele quartinho... Mas a Branca falou-me que os do segundo andar estão procurando casa... Uma bela aquisição para vocês o segundo andar.

Evaristo levou o dedo à boca, refletindo, e apertando os lábios:

— É... assim bem...

— Pois então? Esperem um pouco mais... não há vexame...

D. Branca aproximou-se, com o braço na cintura de Adelaide.

— Ó Branca — disse Furtado —, não é exato que os estrangeiros de cima vão se mudar?

— É, sim. Andam em procura de casa. Por quê?

— O Evaristo, que lembrou-se agora de bater a linda plumagem, inda que fosse, diz ele — para os subterrâneos da Cidade Nova!

— Qual, Sr. Evaristo, qual! Adelaide está muito bem. A Cidade Nova é um lugar infecto, um horror! Esperem pelo segundo andar.

— E o aluguel? — perguntou, interessado, o rapaz.

— Oitenta mil réis, filho! Oitenta mil réis... não é dinheiro.

— Não é dinheiro, para os capitalistas...

— Oitenta mil réis nunca foi dinheiro.

— Eu, por mim, não me mudava... — ousou discretamente Adelaide.

Evaristo arregalou os olhos:

— Oh! Então já vais gostando do Rio!

— Não desgosto...

— O Sr. Evaristo quer conversar — disse, rindo, a esposa de Furtado. — Vamos a tocar um pouquinho de piano...

A tarde estava calma. Crianças brincavam na rua, enchendo-a de alvoroço, em *toilettes* de verão. O desembargador Lousada passeava no jardim, com o seu indefectível gorro de seda bordado a retrós, enquanto a mulher e a filha, sentadas à porta, abanavam-se de leque. Dezembro morria numa explosão de sol. A família imperial estava toda em Petrópolis, gozando as delícias de um clima pregoadamente aristocrático; os que não podiam sustentar o luxo de Petrópolis, a vida fidalga de Petrópolis, os hotéis de Petrópolis, corriam para o ar livre da rua, em trajos brancos, ou para a janela das casas, num alvoroço de formigueiro incendiado.

À parte o clima, na estação outonal, a vida em Botafogo tinha qualquer coisa da vida em Petrópolis, era como um prolongamento do *high-life*[10], cuja sede firmara-se na antiga colônia alemã. Falar na Cidade Nova a um morador de Botafogo era o mesmo que cair no ridículo e no desprezo de uma sociedade que não admitia plebeísmos sentimentais, nem alusões de mau gosto... Cidade Nova, isto é Saco do Alferes, Gamboa, preto-mina[11], lenço no pescoço, violão, maxixe... e outras belezas de igual jaez. Tudo isso era contra

---

10 Alta sociedade.

11 Chamavam-se assim os negros escravos embarcados no castelo de Elmina, a Costa do Ouro, atual República de Gana.

as boas normas de um povo civilizado e muito principalmente contra os brios de um homem que vive na mesma atmosfera de Sua Majestade, o Imperador! Botafogo odiava a Cidade Nova como quem repugna um meio asqueroso.

Os aristocratas que não tinham podido acompanhar o monarca a Petrópolis bufavam de calor, e, à porta dos jardins ou à janela, iam refrescar o sangue, os pulmões, como o desembargador Lousada. Ao anoitecer, recolhiam à frescura do linho, pensando na volta das andorinhas imperiais.

D. Branca executou ao piano uma valsa de Strauss, para Adelaide ouvir. Tocava bem, na opinião de vários professores ilustres; já se exibira em concertos de primeira ordem.

Quando as tardes eram demasiado quentes, iam os dois casais arejar à praia, onde passeavam famílias numa liberdade encantadora, trajando garridamente suas roupas de verão, sem luxo, sem cerimônia, parando à sombra das árvores, em grupos, vendo deslizar em pequeninas embarcações de recreio na água cintilante. Que bom! Adelaide examinava tudo com essa curiosidade infantil dos recém-chegados, comparava as *toilettes,* as fisionomias, lendo histórias mundanas no sorriso dos rapazes e na franqueza das raparigas, que se entrecruzavam piscando os olhos à vista dos homens sérios. Como tudo aquilo tinha um encanto particular! Como tudo era novo para ela! Sentia na alma um remoçar impetuoso, uma vontade de possuir joias com que se enfeitar, com que realçar a sua beleza, e *toilettes* de luxo, à última moda, e essências caras, embriagantes, e tudo o mais que seus olhos viam, desde que ela pusera os pés no Rio de Janeiro.

D. Branca enchera-lhe os ouvidos de tanta coisa, meu Deus! De tanta história! — Que no Rio de Janeiro as mulheres timbravam em se apresentar cada qual mais bem vestida; que Botafogo era o bairro da aristocracia e do bom gosto; que o luxo nada tinha com a honestidade de uma senhora, desde que ela se portasse bem..., ao menos aparentemente; que, enquanto se era moça, devia-se gozar, levar a vida rindo, passeando, nos bailes, nos concertos, nos teatros; que os homens eram muito egoístas; enfim, Senhora D. Branca despertara nela um sentimento novo, que lhe abafava toda a nostalgia da província e deixava-a oscilando, remoendo, entre a vida simples e calma de burguesinha honesta e a vida tumultuosa de mulher elegante e adorada nos círculos aristocráticos de uma cidade como o Rio de Janeiro.

Enquanto Evaristo aborrecia-se — ele, que falava tanto da província:

"porque a província era o *statu quo,* a imobilidade, o abandono" — ela deliciava-se agora, em plena Corte, em pleno Botafogo, cheia de vida e de ambições, a exemplo de D. Branca e de outras senhoras, que, sem desprezar os maridos, gozavam quanto podiam, vestindo-se bem, trajando com elegância, ostentando beleza e mocidade aonde quer que se apresentassem. Nos primeiros dias estranhara o Rio, achara tudo falso, tudo superficial, tudo para enganar os olhos. Agora, não: tudo impunha-se ao seu espírito como um dever, como uma necessidade lógica e humana.

E sempre que ia à praia, sempre que ia a um teatro, a um passeio, voltava triste, desalentada, com uma dor no coração... Não poder "como as outras" ostentar o frescor dos seus vinte anos, aparecendo nas rodas elegantes, de braço com o Evaristo — ele todo nobreza, todo modernismo, aristocraticamente enluvado; ela chique, numa pompa de rainha, um sorriso à flor dos lábios — os dois em carruagem aberta ou num camarote do Lírico! Oh, não poder gozar, como as outras mulheres que ela via, deslumbrada e abatida, da sua pobreza honesta, da sua triste posição de mulherzinha dócil, de esposa exemplar!

Aquilo ia calando em seu espírito, onde um princípio de orgulho feminino brotava ocultamente.

Evaristo ganhava pouco ainda, o essencial para se ir mantendo com alguma independência, sem dever a ninguém. Era inimigo de contrair dívidas; um alfinete, que comprasse, havia de ser pago logo, na ocasião mesma do negócio; por forma que o dinheiro do Banco, o ordenado, ia-se, num abrir e fechar de olhos, para a mão do homem da venda e para o bolso do alfaiate. Ele próprio conservava a roupa que trouxera da província; não tinha luxo, nem joias de valor. Afinal não passava — como dizia — de um pobretão mísero, empregado subalterno. D. Branca podia luxar, aparecer — não era admiração; o Luís ganhava tanto como oitocentos mil réis, fora a renda das apólices que possuía no Tesouro e de umas açõezinhas do Banco Industrial. Onde, pois, a admiração? Nenhuma. Feria-lhe também o amor próprio de marido extremoso ver Adelaide, a sua Adelaide, com os mesmos vestidos, com o mesmo chapéu, sem um brilhante, uma joia de ouro, envergonhada no meio das outras. — Mas... que se havia de fazer? Por isso é que desejava ter uma casinha na Cidade Nova, "um albergue", de cinquenta mil réis, longe desse rumor de etiquetas e ostentações. Um dia pra diante, quando pudesse — muito bem! Alugava um chalé em Botafogo e Adelaide não tinha de que baixar a cabeça às exigências do *high-life.* Por enquanto a palavra de ordem era — economia, muita economia!

De resto, o procedimento de Adelaide para com o esposo não mudara. Evaristo continuava sendo o mesmo Evaristo, bom e leal, por vezes de uma ternura lânguida, quase pueril, achando muita razão em tudo quanto ela dizia, tratando-se como noivos.

D. Branca estranhava que eles ainda não tivessem filho, ao menos um *morgado*[12] para dar que fazer à mamãe...

E aconselhava banhos de mar no Flamengo: — por que não experimentavam os banhos de mar no Flamengo? Um filhinho era indispensável a um casal...

Evaristo ria e jurava, rindo, que no mês seguinte iam começar os banhos ali mesmo na praia de Botafogo.

A propósito de filhos, a mulher do secretário anunciou o batizado da Julinha no primeiro domingo de janeiro. Ia fazer uma festa sem cerimônia, entre pessoas de intimidade.

Evaristo recebeu a notícia com um — oh!... de surpresa. — Muito bem! Muito bem! Era preciso batizar a menina... Ele, se tivesse filhos, batizava-os ao nascer.

E com ironia:

— Temos, então, a princesa?

— Como, Sr. Evaristo?

— Digo: a princesa há de comparecer à festa.

— Qual o quê! Pensa o senhor que a princesa anda se exibindo assim?

— Pensei.

— Vai ser a madrinha de minha filha, por procuração; isso bem...

E Evaristo, sempre irônico:

— O imperador é o padrinho...

— Não, senhor, não, senhor... O padrinho é o Lousada, o velho Lousada. O imperador já é padrinho do Raul.

— Onde estamos nós metidos, Adelaide! — exclamou o bacharel, arregalando os olhos. — Tudo aqui é principesco, minha senhora!

D. Branca compreendeu o debique, mas atalhou risonha:

— Tudo aqui não é principesco, não, senhor! Não queira fazer pouco...

---

12 Filho único.

— Eu, fazer pouco? Oh, não se lembre de tal coisa! Principesco é uma maneira de dizer.

— Ah! O senhor é republicano?

— Republicano não: democrata.

— Pois está muito bem arranjado com a sua democracia!

Furtado, que estava lendo o *Comércio do Rio,* saltou:

— Quem é democrata, o Evaristo?

— Eu, sim...

— Democrata enquanto não conheceres bem o Rio de Janeiro...

— Por quê?

— Ora, por quê! Porque o Rio de Janeiro em globo é monarquista e quem diz monarquista diz aristocrata.

— Não é razão. Se o Rio de Janeiro em globo (quero dizer o município neutro...) é monarquista, eu posso muito bem sair um republicano às direitas.

Furtado abriu numa gargalhada estridente.

— Aonde vens pregar essas teorias, meu caro? Na Corte do Império, e o que é mais, em Botafogo! Ilusões da academia, rapaz, ilusões de estudante de retórica!

— Não, senhor, que o partido republicano está ganhando terreno aqui mesmo, na Corte, às barbas d'El-Rei! Fala-se na ida do velho à Europa; o velho está doido, já não pode governar, e o resultado é que...

— É que estás a dizer tolices... A monarquia está guardada por sentinelas da força do barão de Cotegipe[13], do visconde de Ouro Preto[14], do João Alfredo e de outros... Cada um desses homens é um obstáculo contra qualquer tentativa de assalto às instituições.

Chegou a vez do bacharel rir, mas rir com gosto, dando pulinhos na cadeira.

— O Cotegipe! (e ria). O Ouro Preto! (tornava a rir). O João Alfredo! No momento psicológico voam todos, como aves de arribação, para Petrópolis! Desaparecem como por encanto, somem-se na noite do medo...

— É o que pensas. A opinião é deles, o povo não permitirá que eles sejam desacatados.

---

13 João Maurício Wanderley (1815-89), político baiano, mais de uma vez ministro no Segundo Reinado.

14 Afonso Celso de Assis Figueiredo (1837-1912), importante político mineiro do Segundo Reinado.

— O povo! — exclamou Evaristo com voz de trovão. — A que chamas tu povo?

— À população do Rio de Janeiro, à população do Brasil, a treze milhões de almas que adoram o imperador!

— O povo brasileiro não se envolve nisso, meu Furtado; se fôssemos esperar pelo povo, estávamos bem arranjados.

— E então?

— E então, é que a força armada...

— Basta de política, basta de política, Sr. Evaristo. Ó Luís, por favor, continua a ler teu jornal — interveio D. Branca. — É favor!

Adelaide correu a tapar a boca do marido com a mão espalmada: — "Não, senhor, nada de política!"

E continuou-se a falar no batizado da pequena, sem alusões à princesa, nem ao monarca. A esposa do secretário disse que tinha mandado fazer um vestido para estrear nesse dia — uma *toilette* simples, de um tecido novo, muito usado em Paris, que *A Notre Dame* recebera...

Adelaide mordiscou a pelezinha do beiço com tristeza. — Um vestido novo, chegado de Paris!... E ela como se havia de apresentar no dia da festa? Oh, com o seu vestido de provinciana, de mangas compridas e babados! Que vergonha, Santo Deus! O melhor vestido que possuía era o de gorgorão, com que embarcara..., mas estava fora da moda e da etiqueta. Antes nunca tivesse vindo ao Rio de Janeiro...

Quase não dormiu, essa noite, pensando no batizado. À hora de recolher, Evaristo achou-a triste, com um arzinho de choro, descobrindo mesmo uma lágrima vagarosa na face dela. Mas não disse nada. Adelaide continuou a se despir à meia-luz do gás, e rolou na cama silenciosamente, de rosto para a parede.

— Ó Adelaide!... — chamou Evaristo, já desconfiado.

A mulher não respondeu.

— Adelaide! — tornou ele, aproximando-se.

— Que é?... — choramingou a rapariga, encolhendo-se.

— Olha...

Ela não se moveu.

— Olha!

Mesma posição, mesmo silêncio.

— Olha cá uma coisa.

— Que é?

— Estás chorando?

— Não...

Mas pelo tom da voz, conheceu bem que alguma coisa havia no coração de Adelaide.

— Como não, se te ouvi soluçar?

— Eu?!...

— Exatamente. Queres ocultar-me algum desgosto?

E devagarinho, como para não acordar uma criança, o bacharel foi-se inclinando no leito.

— Vamos: é a primeira vez que choras em minha companhia, depois que estamos casados.

— Nada... lembrei-me da Balbina.

— Da Balbina? Homessa!

Falavam muito em segredo, cochichando, ela de costas para ele. A casa estava toda no escuro. Furtado e a mulher não davam sinal de vida.

— Que tens tu com a Balbina? — tornou Evaristo. — Não é má a lembrança! Como se a Balbina fosse tua mãe!

— Mas lembrei-me.

— Se me não dissesses, eu não acreditaria, palavra de honra!

E admirado:

— Chorar com saudades da Balbina! É curioso, é singular!

Os inquilinos do segundo andar apagaram a luz e um relógio bateu meia-noite.

Involuntariamente, por causa de Adelaide, Evaristo adormeceu pensando na Balbina, a negra velha de Coqueiros, sem atinar com a significação da lágrima que vira na face da esposa.

Certo é que a amiga de D. Branca recolhera com o pensamento no batizado da Julinha. Quis desabafar, dizer *tudo* a Evaristo, suplicar-lhe que trouxesse um vestido novo para a festa de D. Branca, rogar-lhe, pelo amor de Deus, que fizesse um pequeno sacrifício... Mas não teve ânimo: podia parecer uma exigência, uma falta de atenção, e ela nunca abrira a boca para pedir a Evaristo um grampo, quanto mais um corte de fazenda! Não era por vaidade, nem por orgulho, nem por capricho — é que tinha obrigação de se apresentar à aristocracia em trajos de mulher educada e não com um pobre vestido fora da moda, sem elegância, mal cosido, mal ajustado ao corpo — horrível!

No outro dia Evaristo, inda na cama, interpelou-a sobre o acidente da véspera, gracejando, rindo, na melhor boa-fé, longe de adivinhar o que se passava no espírito de Adelaide. — Chorar pela Balbina — ela! Que extraordinário coração, que alma cândida!

— Chora-se até pelos animais, por um gatinho, por um cachorro, por um pássaro que a gente criou!...

E Adelaide, ocultando ingenuamente o desgosto que a pungia, lembrou ao marido o fato de ter ele chorado a morte de uma patativa, antes de vir para o Rio de Janeiro.

O bacharel não disse que não, mas afirmou que o caso era diverso e que entre a patativa e a Balbina preferia a patativa.

E a lágrima da jovem senhora caiu no esquecimento como todas as coisas deste mundo.

Ela, porém, via se aproximar o domingo do batizado, cheio de tristeza, maldizendo a nova situação em que a colocara o destino. Positivamente Evaristo não enxergava além das grosseiras necessidades da vida doméstica e não via que uma dona de casa no Rio de Janeiro tinha a obrigação de ser, ao mesmo tempo, uma dama elegante, uma senhora distinta, com todos os requisitos para figurar num sarau pomposo ou em qualquer parte aonde houvesse aristocracia e luxo... Como é que ela, vivendo na casa de um homem fino, de um capitalista, vivendo entre pessoas de "tratamento" em Botafogo, ia-se apresentar aos olhos de D. Branca, aos olhos de D. Sinhá e da mulher do desembargador, aos olhos de uma gente fidalga, na sua humilde *toilette* de provinciana pobre? Todo o mundo havia de reparar e dizer mal. No entanto, com qualquer dinheirinho comprava-se um vestido sério, *novo*, que ao menos aparentasse... A própria D. Branca lhe dera a perceber que se obtinha, no Rio, muita coisa de alto valor por "preços baratíssimos..."

Oh, aquela festa, domingo, tirava-lhe o sono! Que belo, se caísse uma grande chuva, um aguaceiro medonho, de alagar a cidade inteira, de deixar tudo quanto fosse rua na lama! Quem dera! Ficava transferido o batizado ou ninguém ia à casa de D. Branca, e ela, então, ela, Adelaide, não tinha de se envergonhar, de baixar a cabeça a estranhos.

Mas — nem de propósito! — fazia um tempo claro, azul, luminoso, adorável, como os belos dias de primavera, sem o menor sintoma de variação barométrica, sem nuvens na limpidez cristalina das montanhas.

E a jovem esposa de Evaristo perdia-se em cogitações de toda a ordem, moralmente abatida no seu orgulho, na sua vaidade latente de mulher nova que se vê roubada nos seus direitos à partilha dos gozos. Lembrava-se, por uma natural associação de ideias, de que D. Branca lhe dissera certa vez: "O homem é egoísta e finge não compreender as necessidades da mulher, quando se trata de um vestido novo ou de uma despesa extraordinária. A mulher é obrigada a pedir, a reclamar, a dizer o que precisa, o que lhe falta." Ela pedir a Evaristo? Pedir o quê? Uma *toilette* para o batizado da pequena? E a roupa que trouxera do Norte, um enxoval quase completo, inda que fora da moda? Que havia de dizer? Que razões apresentar a ele, que sempre a conhecera pobre e refratária à etiqueta e ao luxo? Não, não tinha coragem, nem queria, com uma exigência descabida, molestar o grande coração de Evaristo.

Esperou, resignada, abafando impulsos d'alma.

Em casa de Luís Furtado, naqueles dias mais próximos à festa, era este o assunto obrigado de todas as conversas. D. Branca, principalmente, cuja loquacidade contrastava com a moderação dos inquilinos do segundo andar — não fazia outra coisa senão remexer nas gavetas, polir os móveis, expor os cristais, num açodamento, numa impaciência que lhe dava ares de inseto doido. Queria tudo nos seus lugares, para quando chegasse o domingo. Mandou afinar o piano, lavar a casa de um extremo ao outro, inclusive o quarto dos hóspedes e o escritório de Furtado, no rés-do-chão, substituir as cortinas da sala de visitas; enfim, toda a casa ficou pronta com quatro dias de antecedência para receber o desembargador Lousada e alguns convidados "sem-cerimônia". Era pouca gente: o Visconde de Santa Quitéria, o Dr. Condicional, dois amigos quase íntimos do secretário, o Loiola, tesoureiro do Banco, a viúva Tourinho, muito boa senhora, também rica e prendada, o Xavier, do *Jornal de Notícias*, e um ou outro rapaz, de intimidade.

Evaristo caiu das nuvens.

— Minha mulher — disse ele à esposa —, temos grosso *forrobodó!*[15] Esta gente chama festa sem-cerimônia a uma reunião de altos personagens que se divertem aristocraticamente. Com que vestido te vás apresentar?

— Eu?... O melhorzinho é o de casimira cinzenta, não falando no de gorgorão...

15 Festança popular, em geral degringolando em balbúrdia e confusão.

— De casimira?

Evaristo levou a mão ao queixo e fitou os olhos na mulher em atitude contemplativa.

— Que dizes?

— Não sei... — respondeu Adelaide com indiferença.

O bacharel agarrou-se aos bigodes, repuxando-os com a língua, mordendo-os, como se empacasse na resolução d'algum problema de direito.

— Aonde nos vimos meter! — dizia, passeando no quarto. — Aonde nos vimos meter!

— É o teu grandioso e espetaculoso Rio de Janeiro!

Evaristo sorriu da ironia, e continuando a passear:

— Há um remédio...

— Qual?

— Fazer um negócio com o Banco...

— Negócio?

— Sim, levantar um pequeno empréstimo.

Noutras quaisquer circunstâncias, Adelaide o aconselharia que não, como já o fizera uma vez na província; mas D. Branca acenava-lhe de longe, no seu espírito, "que não desse uma nota, que não fosse tola."

— Que dizes? — repetiu o bacharel.

— Não sei...

— Pois eu sei: vou falar ao Furtado. Achei a incógnita da equação. Isto de dever, todos devem mais ou menos; a questão é pagar.

Com duzentos mil réis, sim, com duzentos mil réis, arranjava-se tudo: uma *toilette* para Adelaide, uma calça de casimira, e... e charutos.... O vestido, comprava-se feito, numa modista.

Entraram em acordo, ele e a mulher, sobre as despesas, fizeram cálculos à ponta de lápis, rabiscaram papel até quase meia-noite. Adelaide já agora também pedia a Deus que não chovesse. Era uma ótima ocasião para se apresentar às amigas de D. Branca, ficar conhecendo a viúva Tourinho, a esposa do desembargador e outras senhoras do *grand monde* fluminense.

Evaristo falou, com efeito, ao secretário, no próprio Banco, acerca do empréstimo, alegando razões de ordem doméstica. — Era mais um grande favor ao "amigo Furtado..."

— Queres um conselho de amigo? — pergunta Luís.

— Não contraias empréstimo ao Banco. O Banco foi criado para altas transações financeiras, e... e o diretor é um homem... um homem...

— ... um homem de têmpera antiga, velho e rabugento. Espera aí um bocado...

O secretário levantou-se, abriu um cofre de ferro, que estava no gabinete de trabalho, e contou duzentos mil réis.

— Toma lá, sou eu quem tos empresta sem juros e sem prazo. Restituirás no fim do mês... daqui a um ano, daqui a um século...

— Isso não! — interrompeu o marido de Adelaide. — Vim pedir ao Banco e não quero que te sacrifiques por minha causa. Isso não!

— Toma lá, homem, não sejas menino. Eu que tos empresto, é que tenho absoluta confiança em ti, que diabo!

— Qual confiança! Isso já não é ser amigo, é ser pai!

— Pois quero ser teu pai, dá-me essa honra.

Riram e o bacharel guardou as notas na algibeira da calça, com um movimento discreto e reconhecido. — Ora, muito obrigado, Sr. Luís, muito obrigado!

— Cavalheiros somos, na carreira andamos... — disse enfaticamente, com um sorriso, o fidalgo de Botafogo.

Às quatro horas iam os dois no mesmo bonde a caminho de casa.

O bacharel entrou radiante, com um estranho fulgor na pupila. Adelaide acompanhou-o ao quarto.

— Sabes o que é isto? — foi dizendo com a mão espalmada no bolso.

E, antes que Adelaide respondesse, tirou o dinheiro, erguendo a mão em triunfo.

— Quanto? — perguntou a rapariga com aquele risinho ingênuo que lhe era muito natural.

— Vinte!

— Vinte? Apenas vinte?

— ...notas de dez!

— Ah!...

Evaristo, então, narrou, palavra por palavra, o diálogo entre ele e Furtado, no Banco, e não ocultou o seu entusiasmo pela "generosidade" do amigo, que ainda uma vez se revelara "digno e correto!"

— Belo homem, o Luís!

— Eu também acho... — murmurou Adelaide.

— Olhe que me colocou, deu-me hospedagem, trata-nos à vela de libra, e agora... duzentos mil réis, para pagar amanhã, no fim do ano, daqui a um século!

Adelaide aprovou com a cabeça o entusiasmo do marido.

E na mesma tarde, ao anoitecer, foram ambos dar um giro à Rua do Ouvidor.

Capítulo 3

Luís Furtado era homem de meia-idade, alto, robustez física invejável, pele rósea e conservada, bigode negro, tratado a brilhantina, olhos negros e comunicativos, um pouco lânguidos, talvez por afetação, talvez por temperamento.

Belo, verdadeiramente belo, ninguém o diria sem risco de profanar o ideal antigo da beleza máscula; no entanto, podia dizer-se dele que era, na acepção moderníssima, um *bonito homem.* A convivência na Corte dera-lhe tintas de nobreza ao rosto largo de provinciano setentrional. O Rio de Janeiro, com o seu maravilhoso poder de cidade cosmopolita, afinara-lhe a cútis e a educação. Davam-lhe *doutor,* mas, em verdade, nunca pusera os pés numa academia; os preparatórios mesmo, ele os não completara; e como no Rio de Janeiro, na Corte, toda a gente é doutor, ninguém punha dúvida no fictício diploma de Luís Furtado.

Mas a qualidade característica do secretário do Banco Industrial era o amor às mulheres, uma tendência notável para as conquistas de *boudoirs*[16], para o livre câmbio de afeições delicadas, para o culto imoderado de Vênus. Esse *fraco,* longe de o desprestigiar no conceito das rodas aristocráticas, tornava-o ainda mais querido de um e outro sexo, que viam no esposo de D. Branca *um homem de bom gosto,* entendido em essências finas e em *cotillons*[17]. Quem é que, em Botafogo, não o admirava, quem? Chegava-se até a dizer, num exagero, que era a alma do bairro!

O casamento não lhe tirava a liberdade de homem que se governa; cumpria seus deveres conjugais; nada faltava à mulher, nem aos filhos, todos em casa o estimavam; queria, portanto, sua liberdade; "a melhor coisa que Deus deu ao homem". Tinha ideias definitivas, absolutas, sobre o casamento e opunha-as a qualquer moralista indiscreto que lhe fosse criticar os atos.

D. Branca nunca se agastava com ele, nunca lhe fizera a menor objeção no tocante às suas aventuras donjuanescas. Quando alguém, homem ou mulher, os queria intrigar e levava ao conhecimento dela fatos particulares da vida do esposo, a ilustre senhora tinha sempre um risinho de incredulidade: "— O Furtado era um bom

16 Budoar. Cômodo privativo da dona da casa, onde recebe seus convidados íntimos.
17 Saiotes.

marido e um bom pai de família. Os invejosos é que o queriam desmoralizar."

No entanto, conhecia o gênio do Furtado e uma ocasião surpreendera-lhe no bolso do paletó uma cartinha de mulher, muito cheirosa e dentro da qual havia um amor-perfeito já desbotado como essas flores raras que se eternizam entre as páginas dos álbuns. D. Branca sorriu e devorou com os olhos a misteriosa epístola, em verdade bem misteriosa, porque nada tinha de indiscreto senão o caráter visivelmente feminino da letra. Nunca se vira maior laconismo, nem tão cautelosos dizeres numa correspondência de mulher. Assinavam as iniciais *B. F.* — "Branca Furtado!", pensou com estranheza e admiração.

E tornou a colocar o papel no bolso do marido, respeitosamente. Era um segredo e ela não tinha o direito de violar segredo a quem quer que fosse.

Outra ocasião deparou com o retrato da *cuja.* — "Sim, senhor: uma mulher esplêndida! O Luís tinha gosto para mulheres..." No dorso da fotografia, em cartão imperial, a seguinte dedicatória:

Ao Luís — B. F.

Petrópolis, 18....

— Petrópolis! — exclamou D. Branca. — É gente fina... (e com uma ponta de despeito) esses homens... esses homens!...

O retrato voltou ao lugar onde estava, sem um arranhão.

Impossível haver mais liberdade e mais confiança entre marido e mulher.

O procedimento de Luís para com D. Branca era igualmente recatado e tudo fazia crer que a víbora do ciúme não lhe mordera ainda o coração de esposo. Compreendiam-se um ao outro, e, quando em um casal, a mulher compreende o marido e o marido compreende a mulher, não há mais bela instituição que o casamento. Ninguém peca por aceitar a vida como a vida sempre foi — tal a filosofia de D. Branca, e com pequenas restrições, a do secretário.

Dizer que se não amavam? Erro gravíssimo. Adoravam-se quase, e, em certos momentos, era como se fossem noivos em plena lua de mel. Segredos da alma humana...

Uns olhos cobiçosos e apaixonados como os de Luís não podiam, decerto, ver indiferentemente um rosto lindo de mulher. Foi o que se deu com relação a Adelaide, a meiga esposa de Evaristo de Holanda. O secretário viu-a no dia da chegada e admirou-a intimamente, com olhadelas furtivas e traiçoeiras, enquanto o carro rodava para Botafogo. Ria, e o seu riso tinha um tique muito delicado, muito nobre, muito fino, de cavalheiro gentil, que se aprimora numa cortesia de salão. E, era a todo o instante — "vossa excelência", a todo o instante uma frase elogiosa e comedida e mais uma perguntazinha discreta que Adelaide respondia com o natural embaraço de quem chega a um lugar estranho e pela primeira vez ouve linguagem desconhecida.

O que logo provocou a atenção da jovem esposa de Evaristo foi um grande anel de brilhante que Furtado trazia no dedo — uma pedra enorme, de primeira água, cujas facetas se multiplicavam à vista incisivamente, como um prisma, quando ele erguia a mão morena para cofiar o bigode.

No outro dia, ao almoço, Adelaide estava com um vestido branco de cassa e Furtado achou-a mais comunicativa e mais bela. A *toilette* de gorgorão dava-lhe uns ares de respeito, que não iam bem com a frescura primaveril do seu rosto; e aquela mudança de vestuário, aquela *nonchalance*[18] obrigou-o também a mudar o tratamento de "vossa excelência" que tantas vezes repisara na véspera. Evaristo mesmo já lhe havia observado que estavam "em família", que deixasse o "vossa excelência" para pessoas de cerimônias, do contrário não se entendiam, nem podiam estimar-se como bons e velhos amigos.

E entraram todos na mais ampla intimidade, no mais belo convívio doméstico e na mais franca harmonia. — Era pena que o andar superior não estivesse desocupado, oh, era pena! — lamentava o marido de D. Branca. — Uns estrangeiros que ninguém sabia donde tinham vindo!...

Mas, no íntimo, desejava que os estrangeiros não se mudassem nunca; ele assim estava mais perto do seu novo ideal... Em casa ou no Banco, uma só preocupação enchia-lhe o espírito: — Adelaide. Como e por quê? Mistério! E a vida o que é senão um grande e tenebroso mistério?

Luís coçava a cabeça, atordoado, impaciente, fechando os olhos como para ver melhor no fundo da sua alma, e quer os fechasse, quer os abrisse, tinha diante deles a imagem de uma criatura excepcional — anjo e mulher — e essa criatura tinha os olhos de

18 Falta de cuidado pessoal. Indolência. Moleza.

Adelaide, a boca de Adelaide, o sorriso de Adelaide! Como resistir à tentação, ele, que julgava a mulher uma força divina, um poder acima de todos os poderes humanos e acima de todos os preconceitos sociais?

E nesse filosofar à toa, nesse monologar do cérebro, perpassava também o riso bom de Evaristo, a alma simples do amigo, cheio de confiança e de um otimismo às vezes ingênuo. Furtado espancava uma imagem para deliciar-se com a outra, com a dos olhos meigos e sorriso angelical...

À noite, fora de horas, acordava, abria os olhos num êxtase sonâmbulo — enquanto a mulher se imobilizava — e punha-se a fazer cálculos, a maquinar planos de general em véspera de batalha. — Como havia de ser isso? Como havia de ser aquilo?...

E, no outro dia, eram os mesmos olhares, as mesmas finezas, que Adelaide já não estranhava, por virem donde vinham. Não padecia dúvida que o Sr. Furtado era um cavalheiro de educação e ela achava muito bonito um homem de educação... Os modos do Sr. Furtado, quem é que os não apreciava?

Ao almoço e ao jantar, longamente discutiam assuntos caseiros e D. Branca via-o quase sempre de bom humor à hora das refeições, dizendo pilhérias, mostrando-se entendido em matéria culinária e em coisas de *boudoirs,* improvisando anedotas, gracejando, servindo à mulher e ao Evaristo, para poder servir a Adelaide, fito único dos seus olhos e da sua imaginação.

À noite escancaravam-se as janelas da frente e jogava-se à luz do gás amortecido por causa do calor. Nos jogos de parceria, Furtado sentava-se defronte de Adelaide, tocando-se os joelhos, a pontinha dos pés, em torno da pequenina mesa de charão colocada ao centro da sala, e divertiam-se horas e horas, num *tête-à-tête*[19] voluptuoso e calmo, perturbado, às vezes, por uma gargalhada geral que irrompia uníssona das quatro bocas.

Evaristo chamava aquilo, aquelas reuniões familiares "uma pândega", sempre melhor que as da Rua do Ouvidor: mais honesta e menos tumultuosa.

— Inda havemos de fazer um piquenique no Jardim Botânico! — disse uma noite o secretário.

— É verdade, é verdade! — aplaudiu, com entusiasmo, D. Branca.

— Vamos um dia, um domingo, ao Jardim Botânico!

---

19 Face a face.

— À Tijuca não seria melhor? — lembrou Evaristo, que ardia por fazer um passeio à "tal Tijuca"[20].

Mas Furtado apontou inconvenientes de ida e volta: — era muito longe a cascatinha, lá onde o diabo perdeu as esporas, enquanto que o Jardim Botânico ficava perto e era mais elegante. Depois, com o tempo, ir-se-ia à Tijuca...

— Em primeiro lugar — concluiu Evaristo — é preciso que esses estrangeiros do segundo andar ponham-se ao fresco, vão para o diabo que os carregue!

E ficou assentado que num belo domingo iriam os dois casais ao Jardim Botânico, em piquenique.

Antes disso, porém, havia o batizado da Julinha. Estava tudo pronto como para uma grande recepção de aniversário: vidros, móveis, tapetes, cristais, o serviço da copa, o *buffet*, uma quantidade enorme de garrafas, mesa lauta sobre à qual via-se toda a baixela da casa e vasos com flores naturais e altas pirâmides de doce, pondo manchas na brancura da toalha, e em cada prato um buquezinho de violeta arranjado especialmente pelas mãos de D. Branca; e em toda a casa, desde a sala de visitas até os fundos da cozinha, um ar alegre de interior holandês, um ar festivo e risonho, cheirando a flores como a atmosfera matinal dos jardins. Viam-se em todo aquele esmero, em toda aquela simplicidade grega — na composição de um vaso, no arranjo dos buquês — o zelo aristocrático de D. Branca e o gosto não menos aristocrático de Luís Furtado harmonizando-se nas menores coisas, traindo-se a cada hora. O papel da sala de visitas parecia mais novo; os quadros destacavam-se, muito nítidos, numa bela disposição ornamental de galeria pobre; o piano sofrera uma mão de óleo e guardava ainda o cheiro da fábrica, de costas para a janela, reluzindo como um espelho; as cortinas pendiam frouxamente das armações de ouro... Enfim, na alcova esponsalícia de D. Branca estava o berço de Julinha todo em festa, ao lado da grande cama de casal. Para aí é que deviam convergir os olhares do desembargador e da mulher, especialmente destes, porque D. Branca entendia que ser dama do Paço era merecer as atenções devidas à própria imperatriz; além disso, o velho Lousada tinha, mais do que ninguém, direito a essas atenções como padrinho da pequena. D. Branca esforçara-se por dar ao berço um aspecto luxuoso e sereno, para que se não dissesse que ela, no meio das suas ostentações, pouco amor tinha aos filhos. E conseguira-o, sem desprezar um ou outro conselho

20 Floresta da Tijuca.

quer de Adelaide, quer de Furtado, quer mesmo de Evaristo, que também fora chamado a dar sua opiniãozinha.

— Eu nunca tive filhos, minha senhora... — protestou ele.

Mas a esposa do secretário alegou que era justamente por ele nunca ter tido filhos que lhe pedia a opinião.

E, agarrado por um braço e pelo outro, o marido de Adelaide lembrou, espirituosamente, que se devia colocar na cúpula a seguinte inscrição: *Este filho é o último da prole...* — o que fez rir muito a D. Sinhá do desembargador, a ela só, porque os outros não acharam graça na ideia.

O leito de Julinha era todo de uma madeira escura e sólida, como ébano-da-índia, e custara um dinheirão ao Furtado. Imitava o casco de urna pequena gôndola com a proa recurva e estreita. Sobre ele caía fartamente uma nuvem de rendas, abrindo-se para um e outro lado e quase tocando o chão. A cúpula era um verdadeiro trabalho de arte, muito simples, mas curioso, representando uma coroa ducal com embutidos de marfim. No alto do cortinado, um grande laço de seda azul com franjas de ouro...

Ao todo seis carros, inclusive a berlinda[21], em que ia a pequena nos braços da ama e a mulher do desembargador. As outras eram ocupadas sucessivamente pelo funcionário do governo e D. Branca, pelo Furtado e o Raul, pela viúva Tourinho, pelo tesoureiro do Banco Industrial e a esposa, e o último carro por dois amigos do secretário, rapazes do comércio.

D. Sinhá não quis ir à igreja, deixando-se ficar em companhia de Evaristo e de Adelaide nas suas *toilettes* de pouca cerimônia, esperando a volta do *batizado* — "que era uma grande maçada vestir-se toda de luxo somente para ouvir o latim de monsenhor Teixeira; logo não estavam vendo?..."

Caíam as primeiras sombras da noite quando um rodar de carros anunciou o regresso da Julinha com todo o seu acompanhamento. Encheram-se as janelas de curiosos que queriam ver a criança, e um ligeiro alvoroço percorreu, como um frêmito de novidade, aquele trecho do aristocrático bairro. — É o batizado! É o batizado! — exclamaram vozes alvissareiras; e os carros, um a um, foram parando na mesma ordem da saída, com a mesma distinção, e um a um foram-se apeando os convidados, primeiro os cavalheiros, depois as senhoras, risonhos todos, numa onda

21 Pequena carruagem de quatro rodas, com seis lugares, suspensa por molas e com vidraças laterais.

invisível de essências. À porta da casa, tapetada de folhas, houve um murmúrio, destacando a voz de Furtado:

— Entrem, meus senhores, queiram ter a bondade...

Seguiu-se o jantar — "um banquete de príncipe!" na opinião de Evaristo. Adelaide foi apresentada à viúva Tourinho e ao Loiola do Banco, houve brindes ao *dessert*[22], todos acabaram tratando-se familiarmente, esquecendo o vestido de seda e a casaca, e a própria Julinha que, depois de um berreiro infernal, adormeceu com a serenidade de um anjo.

Era noite quando Luís Furtado ergueu-se para levantar o último brinde, o brinde de honra à "Sereníssima senhora D. Isabel, princesa imperial e herdeira presuntiva do trono do Brasil!" O champanha espumava nas taças de cristal e os *hip! hip! hurras!* estrondearam em toda a casa.

— À Sereníssima!

— À herdeira da coroa!

— À imperial madrinha da Júlia!

E, todos de pé, esvaziaram as taças.

Furtado observou, então, limpando o bigode, que na sala estava mais fresco.

— Vamos, desembargador... Ó Evaristo, dá o braço à D. Rosa.

D. Rosa era a mulher do Loiola. O bacharel, estranho a etiquetas, muito filósofo, como dizia o secretário, deu dois passos à frente e recebeu amavelmente a mulher do tesoureiro.

— Muito obrigada, Sr. Evaristo, muito obrigada! — repetiu a gorda matrona.

— Oh, minha senhora...

E, em procissão, desfilaram os convivas pelo corredor. No alto da escada do segundo andar ocultou-se, rápida, uma sombra de mulher. Instintivamente o desembargador ergueu os olhos, baixando-os logo.

Furtado ia na frente, guiando os amigos, de braço com a ilustre *dama* de Sua Majestade a Imperatriz.

Agora é que a sala de visitas tinha um aspecto nobre e luxuoso, ao reflexo das serpentinas e do grande candelabro de cristal pendente do teto. Quadros e bibelôs, o piano e a mobília, o espelho de primeira ordem, rodeado de arabescos, a estante de música, as

22 Sobremesa.

tapeçarias, as cortinas, o papel do forro, tudo resplendia e dava uns tons de alta nobreza ao conjunto.

Adelaide, sempre tímida, vinha de braço com um dos rapazes do comércio.

Sentaram-se todos, rindo, palrando, o tesoureiro com a face congestionada, a mulher idem, ambos muito gordos; a mulher do desembargador com o seu ar indefectível de nobreza pouco comunicativa, querendo parecer mais moça do que na realidade era, assestava de vez em quando o *lorgnon*[23] de tartaruga, que pendia-lhe de um correntão de ouro, e punha-se a observar uma estampa do imperador, que havia na sala, entre dois consolos, enquanto o velho Lousada falava com a viúva Tourinho acerca dos últimos incômodos do monarca; o secretário instalara-se entre Adelaide e D. Branca e respondia prontamente às perguntas que lhe faziam, ora um dos rapazes, ora D. Sinhá, ora o tesoureiro do Banco, ora o próprio desembargador, interrompendo a conversa com a Tourinho, e volvia-se frequentemente para a esposa de Evaristo. O bacharel divertia-se a gabar os trajos de Raul, dando-lhe palmadinhas no ombro.

E pouco a pouco ia-se tornando maior a familiaridade.

— E o Santa Quitéria? — lembrou Furtado com ar de desgosto. — Ele, que é um dos meus bons amigos, faltar ao batizado de minha filha!

— E o Dr. Condicional? — saltou Evaristo. — Ainda ontem disse-me que vinha.

— Faltaram todos: o Santa Quitéria, o Pinto, comendador, o Condicional, o Xavier... todos, enfim!

— Todos não! — protestou o velho Lousada, sorrindo. — Eu aqui estou com minha mulher...

— O desembargador é gente nossa, é de casa — emendou Furtado.

— E eu também sou de casa? — perguntou maliciosamente a viúva.

— V. Exª., com a sua bondade, é de todo o mundo!

— Alto lá, meu amiguinho! — sorriu a boa senhora. — De todo mundo é que não.

E quis saber o que é que o Sr. Furtado entendia por todo o mundo.

Furtado explicou-se razoavelmente.

---

23 Óculos de braço, manipulado por uma longa haste lateral de um só lado.

Nisso para um carro à porta. Todos os olhares volveram-se para a entrada da sala. D. Branca e o secretário ergueram-se. Mas, antes que se aproximassem da escada, já o Raul anunciava indiscretamente que "era o Dr. Condicional!"

— Oh, o Manhães! — acudiu Furtado.

— Eu mesmo, caro amigo, eu mesmo. Venho dar-lhe os parabéns pelo glorioso dia!

Movimento nas cadeiras; leve sussurro.

— Ah, esse é que é o autor do *Juca Pirão?* — fez um dos rapazes do comércio.

— Sei que não vim *de bonne heure...* — tornou o literato dirigindo-se para o grupo, consertando a sobrecasaca. — Em todo o caso, antes tarde que nunca!...

Apresentações, cumprimentos, e o Dr. Condicional, dando jeito ao pincenê[24], sentou-se. Trazia um grande buquê de violetas na lapela.

Novo carro parou quase imediatamente. Furtado, que se ia acomodando, ergueu-se outra vez. Outra vez o Raul adiantou-se para anunciar, agora com toda a discrição e respeito, "o Sr. visconde de Santa Quitéria!".

— Oh!

A exclamação foi geral.

— O visconde de Santa Quitéria!

— Logo vi que não faltava! — disse Furtado.

E D. Branca teve um movimentozinho de surpresa muito especial, exclamando também: — Oh!

Era, com efeito, o Visconde de Santa Quitéria, o grande capitalista, diretor do Banco Luso-Brasileiro.

Bem que todos tinham ouvido parar um carro!

Pelo menos naquele instante, ninguém se lembrou do ilustre poeta que acabava de entrar. A chegada do visconde enchia a todos de surpresa e de alta consideração. Entre a poesia e o capital, preferia-se o capital, tanto mais quanto o diretor do Banco Luso não representava simplesmente um capitalzinho de alguns mil réis. Não. O Santa Quitéria tinha fortuna para mais de seis mil contos!

---

24 Pince-nez. Óculos sem braço, que se prendem ao nariz por pressão.

O ilustre personagem estacou à porta, fez um cumprimento geral com a cabeça e entrou, muito correto, admirável de mocidade e de frescura. D. Branca recebeu-o no meio da sala com o mais belo dos seus sorrisos.

Era um perfeito cavalheiro, o visconde. Residia ora em Petrópolis, quando já não suportava o calor na Corte, ora no seu rico palacete das Laranjeiras, pelo inverno chuvoso e nublado. Para as transações da Bolsa tinha escritório na Rua da Alfândega, onde ocupava uma saleta de frente e uma alcova com *toilette* de mármore e outros objetos indispensáveis ao asseio de um homem. Idade média (pouco mais de quarenta anos), muitíssimo conservado, sem um fio branco na cabeça, olhos vivos, todo ele irrepreensível, tinha fama de beleza entre as mulheres, que o admiravam, não tanto pela fortuna, mas especialmente pela correção do trajo e pelo estranho conjunto das linhas fisionômicas. Muita gente achava-lhe pontos de semelhança com Luís Furtado, que se orgulhava disso, que era uma honra para ele, uma grande honra! Por duas vezes o tinham saudado na Rua do Ouvidor julgando cumprimentar o Santa Quitéria: Sr. Visconde!... — e ele correspondera delicadamente. Era um engano que o honrava.

O visconde descera de Petrópolis na manhã daquele dia para não faltar ao convite do secretário.

— Dou-lhe os meus parabéns — disse ele a Furtado. E voltando-se para D. Branca, antes de sentar-se: — Peço licença a V. Exª., para um presentezinho à pequena, uma simples lembrança.

D. Branca, humilhada, recebeu a dádiva do banqueiro, que este entregou dentro de uma caixinha de veludo grená. Era uma joia de ouro e brilhante, uma linda medalha para pescoço.

— Oh, Sr. visconde!...

D. Sinhá quis logo ver o que era:

— Veja, mamãe, veja que bonita!

A dama de honra de Sua Majestade a Imperatriz tomou, cautelosamente, o brinde, assestou o *lorgnon* e achou, com efeito, lindo, muito lindo!

A joia correu de mão em mão, arrebatando um — oh! — de cada boca. O Dr. Condicional lembrava-se de ter visto coisa semelhante na vitrina do Farani.

D. Branca não se esqueceu de apresentar Adelaide ao visconde.

— "Sua amiga Adelaide, esposa do Sr. Evaristo de Holanda, comprovinciano e amigo de Furtado..."

E a conversa continuou animada, picante, com um acentuado caráter de brasileirismo, entrecruzando-se as vozes, as opiniões, os ditos espirituosos.

O Dr. Condicional, que se sentara ao lado do desembargador, fez a apologia do Instituto Histórico, do que o velho magistrado era membro, discorrendo sobre os últimos trabalhos do barão da Corte Real, apresentados ao Instituto, e sobre os progressos da geografia e das letras no nosso país.

Lousada inclinava a cabeça para ouvir melhor, e saboreava os elogios de Valdevino Manhães como quem escuta uma música voluptuosa, uma vaga harmonia encantadora, os olhos entrecerrados, meio adormecidos, a boca imóvel, serenamente imóvel...

De repente estalava uma risada e ele abria os olhos, com um sustozinho, pigarreando.

— E V. Exª. já apresentou algum trabalho, Sr. desembargador? — inquiriu, por delicadeza, o poeta.

— Ainda não, meu amigo, ainda não, mas tenho pronta uma refutação aos *Irmãos Pinzón* do conselheiro Lisboa[25].

— Uma refutação?

— Exatamente, umas notas sobre os primeiros descobridores da América, uns documentos importantíssimos, que valem toda a fortuna dos Rothschilds...

O visconde de Santa Quitéria, ao ouvir falar nos Rothschilds, deitou o rabo do olho.

— ... Calcule o senhor que os fenícios, muito antes de Pinzón[26], numa época remotíssima, andaram no Amazonas...

— No Amazonas, desembargador? — repetiu Manhães com espanto.

— Pois não, no Amazonas... admira-se? Quanto mais se eu lhe disser que os Cananeus[27] andaram na Paraíba do Norte! Pois é a pura verdade. Encontrei na biblioteca de Sua Majestade um fac-símile de inscrições fenícias descobertas numa pedra da Paraíba.

— Mas, então, Colombo não descobriu a América?

— Não, senhor... Colombo não descobriu coisa alguma...

E o desembargador, pausadamente e circunspectamente, explicou a *magna questão* do ovo de Colombo.

25 João Francisco Lisboa (1812-63), célebre jornalista e historiador maranhense.

26 Vicente Yánez Pinzón (1460-1523), navegador espanhol. Teria estado na foz do Amazonas antes da chegada de Pedro Álvares Cabral ao Brasil.

27 Uma das tribos da antiga Fenícia.

— E o senhor, tem escrito muito? — inquiriu depois ao êmulo de Gonçalves Dias.

— Oh, muito. V. Exª. não imagina! O pior é que no Brasil ainda não há editores. V. Exª. decerto conhece o meu poema...

— Qual deles?

— Eu só escrevi um poema até hoje...

— Ah!... Como intitulou?

— Então V. Exª. não conhece? — insistiu o literato com surpresa.

— Homem, eu, para lhe falar a verdade, em matéria de verso, só conheço os *Lusíadas,* que tenho em casa.

Valdevino Manhães deu um jeitinho ao pincenê, verificou que as violetas estavam na lapela, e, como se acabasse de ouvir uma horrorosa blasfêmia, uma heresia medonha, exclamou, fitando os olhos do magistrado:

— Só os *Lusíadas?!*

— Só os *Lusíadas.*

Nesse instante aproximava-se um criado oferecendo sorvetes em conchazinhas de porcelana, e um ar frio inundou o ambiente.

— Só os *Lusíadas!* — repetiu o poeta, estendendo a mão à bandeja. Parecia-lhe incrível, extraordinário, fora de toda a verdade, que um membro do Instituto Histórico do Rio de Janeiro, autor de uma memória sobre os irmãos Pinzón, desembargador da Relação, não lesse os poetas do seu país. Era incrível. Mas o que ele estranhava ocultamente é que o desembargador não houvesse lido a paródia do *I Juca-Pirama*, que tantos elogios merecera da crítica nacional.

As outras pessoas ouviam interessadas o visconde de Santa Quitéria, bebendo-lhe as palavras, religiosamente fitos nos seus olhos.

O Dr. Condicional, porém, animado pelo desembargador e fingindo prestar atenção ao Visconde, imobilizava os olhos sobre a esposa de Evaristo. Subitamente a presença dela o atraíra como um clarão que de repente se abrisse, mais forte que a luz do gás.

Ainda não havia reparado! Como é que se achava ali aquela mulher e ele — cego! — não lhe fizera as devidas cortesias? O que mais o impressionava era o ar triste de Adelaide, o tom magoado do seu rosto, a expressão recolhida e meiga dos olhos dela... Pobre senhora! Talvez algum drama íntimo, talvez algum desses episódios "lutuosos" de família, talvez... — quem sabe? — alguma dor oculta pungindo-lhe a ignorada existência... E à sua imaginação vinham casos de adultério, romances de amor infeliz, tragédias em que os maridos matavam as esposas, num formidável acesso de loucura; — suicídios por amor; namorados que faziam saltar os próprios miolos e raparigas que ingeriam veneno... horrores do coração humano! — e repetia mentalmente, sensibilizado por uma vaga apreensão que o punha nervoso: — "Aquela senhora tem o que quer que seja!..."

Valdevino Manhães carregava de tintas sombrias o rosto de Adelaide, o rosto e a alma — embalado por seu natural pessimismo que ia até a negação de Deus e do Bem. Explicava tudo pela fatalidade, e não podia ver uma pessoa triste que não dissesse logo: "Aí vai um desgraçado!" No fundo desse pessimismo havia, entretanto, uma compaixão pelo sofrimento alheio — compaixão que ele calculadamente escondia "para se mostrar superior às fraquezas humanas".

A natural expressão do rosto de Adelaide fazia-a mais triste do que na verdade ela estava; seus olhos nunca se abriam completamente; eram olhos meigos, de uma vaga melancolia serena e cismadora, olhos recolhidos, quase mortos, onde às vezes brilhava, como por encanto, um reflexo de alegria, olhos contemplativos, olhos ideais... Naquele momento a esposa de Evaristo, dominada pela palavra do banqueiro, via diante dela, como um estranho fantasma, a Corte Imperial, desde o monarca, com a sua longa barba branca de rei Davi, carregando o pesado manto de arminho e ouro, rodeado de áulicos e cortesãos sob uma grande cúpula majestosa, até o último lacaio dando-se ares de fidalgo, indo e vindo pelos corredores na sua libré carnavalesca de súdito fiel e servo obediente.

O assunto do visconde era a doença do real personagem, a grave moléstia do imperador. Todos o ouviam em grande silêncio e com grande respeito, por se tratar ainda uma vez do homem para quem o Brasil inteiro voltava-se naquele momento da vida nacional. A aristocracia brasileira, já ouvindo falar em república, e zeloza das suas posições e dos seus créditos, temia um desastre político, um assalto ao poder, naquela hora de tristeza, quando na verdade que os médicos tinham aconselhado ao chefe da nação um passeio à Europa, uma vilegiatura em Spa ou em Cannes...

— E a imperatriz, como deixou o senhor a imperatriz? — perguntou a mulher do desembargador, inclinando-se para o visconde.

— A imperatriz, minha senhora, é aquele mesmo coração, aquela mesma brandura: diz que há de morrer onde morrer o velho... Uma santa!

— Mas, quando pretende embarcar a família imperial? — interrogou Furtado.

— Por enquanto nada está resolvido. Sua Majestade não quer precipitar uma viagem dolorosa, tem saudades do Brasil.

— Coitado!... — murmurou D. Branca, sem tirar os olhos do capitalista.

— E ninguém sabe, afinal, qual é a doença do imperador! — disse o velho Lousada.

— Não é coração? — atalhou a dama de honor.

O visconde, muito respeitosamente, pediu licença à nobre senhora para dizer que não, que o Sr. D. Pedro II estava com uma glicosúria...

— Glicosúria? Que é glicosúria?

— Diabetes...

— Creia o senhor que ainda não compreendi...

— Diabetes... glicosúria... — fez o visconde atrapalhado, esfregando-se os dedos.

— Enfraquecimento cerebral, minha mulher — explicou Lousada convictamente.

— Não é bem enfraquecimento cerebral; o enfraquecimento, segundo ouvi dizer, é um dos múltiplos sintomas da diabetes... — emendou o banqueiro. — A glicosúria é... é uma doença dos rins.

— Açúcar na urina, homem, creio que está muito bem dito açúcar na urina! — opinou o Dr. Condicional interrompendo as suas reflexões poéticas para emitir juízo científico.

— É... — confirmou friamente o Visconde.

— Pois eu já ouvi dizer por um médico ilustre que Sua Majestade sofre de um esgotamento nervoso... — falou o secretário.

— Em francês *surmenage,* isto é, excesso de trabalho mental... — explicou ainda uma vez, com um ar pedante, o literato.

As indiscretas e bruscas explicações do Dr. Condicional causaram má impressão ao Visconde, que perguntou baixinho a Furtado "se aquele moço era doido".

Os últimos incômodos do soberano interessavam mais à população fluminense que a alta ou baixa do câmbio ou que a queda estrondosa de um ministério em peso. Na Rua do Ouvidor, na Bolsa, nas secretarias de Estado, nas redações de jornais, todo o mundo comentava a diabetes do monarca, citando pareceres de alta valia, recordando feitos ilustres do segundo imperador, como se o homem já estivesse nas ânsias da morte, discutindo o caráter da enfermidade, que, para uns era diabetes, para outros lesão cardíaca, para outros ainda, esgotamento nervoso, e, finalmente, para um grupo de cortesãos, um *ligeiro incômodo dos rins.* E ninguém acertava com o verdadeiro mal que se apoderava lento e lento do imperial organismo. O governo, escrupuloso por demasia quando se tratava do chefe da nação, ficava mudo ante a curiosidade do povo, sem dar à Câmara o gostinho de lhe responder às sucessivas interpelações. Deputados e senadores erguiam a voz no seio do Parlamento, inquirindo sobre os "fatos que alarmavam o país inteiro" e quer o presidente do Conselho de Ministros, quer o Secretário do Império, diziam simples e laconicamente que "Sua Majestade estava em pleno gozo das suas prerrogativas e das suas faculdades". Mas o grande caso é que os boatos enchiam as ruas, comunicando-se, num furor de incêndio, a todas as casas, a todos os arrabaldes e a todas as províncias. Falava-se mesmo na ida do imperador para a Tijuca e daí, se não melhorasse, para bordo de um vapor estrangeiro. Que ia fazer Sua Majestade na Tijuca, ele que só arredava o pé da Boa Vista para Petrópolis? O clima da Tijuca era quase o de Petrópolis: que ia ele fazer ao alto da Tijuca?

Multiplicavam-se as dúvidas e os comentários. Os barões e os Viscondes, que se sentiam incomodados, apregoavam logo a sua diabetes, o seu enfraquecimento nervoso; e a palavra *surmenage,* até então pouco vulgarizada, tornou-se uma palavra à moda, um vocábulo chique para exprimir dor de cabeça, indisposição nervosa e até impurezas do sangue. Todo o Rio de Janeiro era uma grande *surmenage...*

O visconde de Santa Quitéria, ao cabo de meia hora, reconheceu que as notícias de que fora portador involuntário enchiam de tristeza os convidados de D. Branca, e, um pouco no ar, um pouquinho sem saber o que dissesse, ele, o *gentleman,* o correto homem de salão, nunca supérfluo, nem amigo de contrariar o próximo, bandeou-se para Adelaide.

— V. Exª. tem gostado da Corte?

A esposa de Evaristo acordou da abstração em que mergulhara e respondeu timidamente, com um leve suspiro:

— Sim, senhor... muito!

— Ah, naturalmente! A Corte é hoje um dos centros mais aristocráticos do mundo. Nas províncias, em geral, não se faz ideia do que isto é...

D. Branca interveio:

— Mas ainda não foi a Petrópolis, senhor Visconde.

— Oh, então é preciso ir, é preciso fazer um passeiozinho à cidade dos reis... — tornou o banqueiro afetando um sorriso.

— Lá isso concordo — apoiou Valdevino Manhães, às voltas com o pincenê. — Petrópolis é o complemento do Rio de Janeiro, ou antes, do município neutro.

Evaristo quis dar um aparte; mas por prudência, engoliu a expressão. Ia desgostar o Santa Quitéria com uma alfinetada na monarquia. Para quê?

Já era tarde. O calor sufocava. Não se ouvia uma pisada na rua. Tudo quieto. Longe, para os lados da praia, tilintavam as campainhas dos bondes. Os dois rapazes do comércio tinham-se erguido para fumar um cigarro à janela. — “Como estava escura a noite!” — murmurou um deles. O gás da sala dava uma luz preguiçosa, uma claridade de antecâmara. O piano, sempre aberto, esperava que alguém o fosse animar com as teclas muito alvas, muito novinhas.

O primeiro a retirar-se foi o visconde. Tinha cumprido o seu dever. Pedia licença...

Luís Furtado acompanhou-o à porta da rua, embaixo.

E aquela noite, que devia ser de festa e de regozijo pelo batizado da Julinha, acabou como todas as noites que não são de festa, nem de regozijo — tristemente, quase lugubremente.

Quando todos saíram, Luís Furtado abriu a boca num grande bocejo, que estrondeou na casa e acendeu um cigarro, cantarolando.

Capítulo 4

Quando, um belo dia, Evaristo chegou da rua, soube que os estrangeiros do segundo andar tinham-se mudado, sem dizer que espécie de gente eram, nem para onde iam.

— Com efeito! — exclamou, surpreendido. — Nem que se estivesse esperando a volta de D. Sebastião[28]... Ah!... Eu já estava resolvido a alugar o palacete do Friburgo!

— Agora, sim, senhor — disse Luís, batendo no ombro do amigo e rindo para Adelaide —, agora vão dormir folgadamente na sua cama de casal, vão se regalar!

— Queres dizer, então, que passávamos as noites de olho aberto, no nosso belo quartinho? Estás muito enganado. Nunca dormi tanto, e a Adelaide melhor um pouco.

— Não se segue, porém, que deixem de almoçar e de jantar conosco...

— Em primeiro lugar, um exame nos aposentos; depois, trataremos do almoço e do jantar.

— Já andamos por lá — disse D. Branca espevitadamente. — Sabem o que encontramos?

— Algum menino pagão... — adiantou-se Furtado.

— Algum fac-símile de inscrições hebraicas para presente ao desembargador?

— Sério; vejam se podem adivinhar — insistiu a esposa do secretário.

Os dois homens puseram-se a pensar em qual teria sido o misterioso encontro das duas senhoras...

— Não sei — disse, por fim, o marido de Branca.

— Nem eu... — imitou Evaristo.

— Um irrigador de Ermarck[29], por sinal bem novinho.

— Que diabo quer isso dizer? — perguntou o bacharel com assombro.

28 Rei de Portugal, morto no Marrocos, em 1578, lutando contra os muçulmanos. Seu corpo nunca foi encontrado e criou-se a lenda de que continuava vivo. "Esperar a volta de D. Sebastião" significa aguardar por algo pouco provável de acontecer.

29 Aparelho para higiene íntima feminina, precursor do bidê.

Adelaide não se pôde conter e abriu numa risada sonora e gostosa, ocultando o rosto nas mãos. D. Branca, ante a ingênua pergunta de Evaristo, ria também para outro lado, enquanto o secretário justificava a ignorância do amigo dizendo que o aparelho de Ermarck ainda não era bastante conhecido no Brasil e que, por isso, o Holanda tinha toda a razão...

E acrescentou com ironia:

— São muito maliciosas as mulheres!

Mas Evaristo não descruzava os braços, estatelado, vendo as duas senhoras rir.

— Então, é que já sabes o emprego do irrigador, Adelaide!

— Eu?

Novo acesso de riso sufocou a esposa do bacharel, como se lhe estivessem a fazer cócegas.

— Sabem que mais? — disse afinal Evaristo. — Os ingleses, que deixaram o irrigador é porque o irrigador não presta! Vamos ao que interessa.

Já Luís Furtado galgava o primeiro degrau da escada que ia ter no segundo andar. Evaristo, Adelaide e D. Branca o acompanharam, todos risonhos, a falar dos ingleses.

Eram trinta degraus estreitos, que subiam em curva, gemendo sob os pés, iluminados por uma grande claraboia de vidro.

O andar superior compunha-se de uma sala de frente, alcova, corredor e dois quartos menores que a alcova, comunicando-se. Havia também um terraço com grades de ferro, onde se erguia uma espécie de quiosque para o *water-closet*[30].

O secretário começou a inspeção pela frente. As janelas estavam abertas, deixando ver a praia de Botafogo; a enseada, não muito longe, o Pão de Açúcar e os morros de Niterói dando um aspecto grandioso e selvagem à baía. À direita, erguido a prumo, o perfil negro do Corcovado atraía os olhos, em linha reta para o alto, como um dedo enorme de gigante apontando o azul sereno. A vista alcançava, depois, outras montanhas, e entre elas, o cemitério de São João Batista, salpicado de túmulos brancos, numa simetria pitoresca e lúgubre. Àquela hora, distinguiam-se grupos de pessoas, grupos negros em marcha, sumindo-se e aparecendo entre os mausoléus.

À esquerda, telhados e hortas.

---

30 Banheiro.

O secretário não gostava de olhar o cemitério: recordava-se tristemente da última vez em que lá fora enterrar a ilustre senhora, bela mulher, cujo nome o Rio de Janeiro todo conhecia... Não gostava, não gostava de olhar o cemitério...

D. Branca estava aflita por chegar aos fundos; queria surpreender o marido de Adelaide com o irrigador de Ermarck.

— Que achas? — perguntou Furtado ao amigo, relanceando os olhos no aposento.

— Bom... bom — murmurou o bacharel. — Vamos cá!

E dirigiu-se aos fundos da casa, inspecionando o teto e o papel do forro.

— Vocês aqui estão muito bem — tornou o secretário.

— Muito melhor que na Cidade Nova — acrescentou D. Branca.

— Ao menos estão em Botafogo.

O corredor ia sair na área, forrado em todo o comprimento, claro, fresco e iluminado pelos reflexos da claraboia.

Percorreram tudo até o quiosquezinho do terraço, que o bacharel comparou poeticamente a uma “casa de pombos”.

— Agora venha ver, Sr. Evaristo, venha ver o que os ingleses deixaram — insistiu de novo D. Branca.

— Tolice de minha mulher, Evaristo!

— Não, não, tenha a bondade, Sr. Evaristo, tenha a bondade. Quero que o senhor veja...

A um canto do terraço, entre o quiosque e o gradil, estava uma espécie de cilindro cor de cobre novo, com uma das extremidades em forma de funil donde saía molemente, quebrando-se em curvas, um tubo estreito de borracha.

— Isso o que é? — perguntou, inclinando-se, o bacharel.

As duas senhoras abriram outra vez na risadaria, cabeceando, agarrando-se como duas colegiais.

— Branca! — advertiu Furtado. — Olha que o Evaristo não é menino de escola...

E segurando o amigo pelo braço o foi levando para dentro do corredor.

— Isso é uma das grandes invenções do século, meu amigo; veio com a descoberta do micróbio parasitário.

Falavam baixo, com hipocrisia de homens que se querem dar ao respeito. Mas D. Branca ouviu ainda um oh! de exclamação que o marido de Adelaide não pôde abafar.

Estava escurecendo. Já o sol mandava o seu último adeus à terça-feira com uns restos de claridade crepuscular.

Tanto o bacharel como a esposa acharam que se devia tratar logo da mudança, ou antes da instalação, porque Evaristo inda não comprara sequer a cama de casal. — Mudar o quê? Só se fosse uma rede que ele trouxera do norte, uma rede esplêndida, de labirinto, e os indiscretos baús de couro..

— Não te faças miserável! — ralhou Furtado. — Um homem não tem o direito de menosprezar-se. Um baú pode conter as minas de Salomão!

— O Evaristo vive a gracejar, Sr. Luís — disse Adelaide. — A mania dele é chamar-se pobre, lamentar-se, berrar contra quem tem dinheiro!... Isso até desanima.

— Mas, então, que querem vocês que eu diga? Que ando com os bolsos recheados? Que tenho apólices no Tesouro? Que deixei na província uma fazenda de gado? Que trago os baús repletos de ouro e prata? Ora, muito obrigado, minha mulher!

— Não estou dizendo isso...

Aquele — *que querem vocês que eu diga?* — referia-se exclusivamente ao marido de D. Branca e a Adelaide. Esta notou o carinhoso plural e como que sentiu no fundo d'alma um prazerzinho em se achar na companhia de homem tão educado e nobre. Aquele *vocês,* dirigido a ela e ao Sr. Luís, trouxe-lhe um pequeno abalo ao coração, qualquer coisa de intimamente agradável.

— D. Adelaide não está dizendo isso — repetiu Furtado. — O que ela está dizendo é que tens a mania da pobreza, a mania das lamentações...

D. Branca, por seu turno, observou que o marido tratava Adelaide com muita distinção, muita gentileza; mas atribuiu à natural bonomia do secretário.

Evaristo é que não observou coisíssima alguma; dissera *vocês,* porque achava familiar o tratamento e porque tratava o Luís por *você* e Adelaide por *você,* isoladamente. Não havia razão para, referindo-se aos dois, proceder doutro modo.

A mulher, porém, descobre manchas no sol em pleno meio-dia e é capaz de enxergar, com os olhos fechados, uma agulha num palheiro.

No outro dia, quando Evaristo voltou do Banco, encontrou o segundo andar mobiliado; cadeiras, mesas, uma estante para livros, bela cama de casal, guarda-roupa, cabides... o inferno!

Adelaide recebeu-o no primeiro andar, como de costume, risonha e feliz, mas estranhando que lhe não perguntasse coisa alguma, rompeu o silêncio:

— Que despesão fizeste!

— Despesão?..

— Sim; quanto custariam as cadeiras, a cama, o sofá...

Evaristo, em pé, no alto da escada, julgou que a mulher houvesse enlouquecido e olhava-a, sem compreender as palavras.

— Que cama? Que sofá? Que cadeiras?...

— Que mandaste da rua...

— Eu?!

— Está de muito bom gosto a cama, Sr. Evaristo — saltou D. Branca. — Felicito-o!

Cada vez o bacharel compreendia menos o que lhe estava entrando pelos ouvidos.

— De bom gosto?...

— Pois não foi o senhor quem escolheu a mobília?

— Eu não escolhi nada, pelo amor de Deus! Nem sei do que se trata...

— Quer nos debicar, Adelaide, quer fazer surpresa... — disse a mulher do secretário.

— Debicar!... surpresa!... Temos aqui almas doutro mundo?

Adelaide não quis acreditar numa brincadeira do marido, tal era a sizudez que ele imprimia às palavras naquela ocasião. Evaristo brincava, mas conhecia-se logo o seu tom de pilhéria.

— Deixem-me primeiro tomar fôlego, que eu estou me acabando! — exclamou, dirigindo-se à sala de jantar.

As duas senhoras o acompanharam, entreolhando-se.

O bacharel encostou a bengala, respirou com alívio e sentou-se.

— O Furtado inda não veio?

— 'Té agora, não — respondeu D. Branca.

— Então, que história é essa de cadeiras e camas e sofás? Expliquem-se!

Adelaide explicou o caso da mobília: às duas horas, mais ou menos, tinha vindo um galego trazendo, numa carrocinha, meia dúzia de cadeiras, um sofá, uma cama de casal, uma estante e outros objetos "para a casa do Sr. Evaristo de Holanda, em Botafogo". Não podia haver engano.

— Onde estão esses objetos?

— Lá em cima, tudo arrumado. A cama é que é um pouco larga...

Pois ele não mandara coisíssima alguma nem tampouco autorizara compra de móveis ao Furtado. Às duas horas tinha estado com o secretário no Banco e ele em tal coisa não falara. Salvo se o amigo inda uma vez queria ser generoso e bom apresentando seu nome a algum armazém de móveis... Podia muito bem ser isso... Mas, então, dir-lhe-ia francamente, prevenindo-o com antecedência, tomando mesmo uma nota dos objetos indispensáveis a um casal. O Furtado, porém, não o prevenira, não o avisara sequer! Donde tinham vindo esses móveis? De que armazém? De que rua?

— Você compreende que a minha obrigação era recebê-los — fez Adelaide numa voz humilde.

— Perfeitamente, ninguém diz o contrário.

— O Luís explicará tudo, Sr. Evaristo. Havemos de saber quem foi da ideia.

— Corramos um olhar nos tais móveis — disse o bacharel, erguendo-se.

O pavimento superior da casa já não tinha o mesmo aspecto desolado e vazio da véspera, com as suas paredes escorridas, com o seu ar glacial de eremitério. Não. A sala da frente impunha-se agora aos olhos, convidando à familiaridade, ao repouso honesto, à leitura de um bom livro. Meia dúzia de cadeiras austríacas, torneadas, o sofá, cadeiras de balanço, dois consolos, outra mesinha decorativa para o centro... Na alcova o leito, e o toucador com espelho de cristal e pedra-mármore. Num dos quartos, o guarda-roupa e os baús (os célebres baús de couro) e no outro a estante. Assim é que Adelaide dispusera os móveis, em acordo com D. Branca; unicamente para surpreender Evaristo. Depois comprar-se-iam cortinas e bibelôs. O soalho inda estava úmido da lavagem.

O bacharel cruzou os braços diante daquela transformação quase milagrosa.

— Isto não pode deixar de ser obra do Luís! — disse, risonho. Sim, estava quase convencido de que o Luís queria pregar-lhe uma peça. Quem, no Rio de Janeiro, se lembraria dele senão o secretário? Ninguém, absolutamente ninguém. Ele é que o tratava com um carinho de irmão.

— Você que acha?

— Penso a mesma coisa. Só o Sr. Furtado...

— No entanto, o Furtado não arredou pé do Banco!

— As almas é que não foram... — murmurou, sorrindo, Adelaide.

E enquanto o outro não chegava, discutiu-se a procedência dos móveis.

O secretário foi recebido com exclamações e altos brados de agradecimento e jovialidade.

— Está de muito bom gosto a cama! — repisou D. Branca. — Assim é que eu queria que você comprasse uma...

— E o guarda-roupa! — exclamou Evaristo.

— E a *toilette!* — fez Adelaide.

Mas o homem era como se estivesse numa casa de orates[31]; fitava um, fitava outro, com ar interrogativo e surpreso.

— As senhoras estão enganadas... Mobília?...

— Quem havia de ser? — interpelou o bacharel, crendo e não crendo na estupefação do amigo.

— Não mo perguntes a mim, que também não posso atribuir o caso ao meu bodegueiro ou às almas do outro mundo.

— Ora, falemos sério, não foste tu, mas foi o teu grande coração! — resumiu Evaristo, desapontado.

— Juro-te!

— Não acredito.

— Melhor pra ti...

Ao final das contas, a dignidade do bacharel teve um ímpeto de orgulho contra "esse misterioso fornecedor gratuito de móveis", e declarou positivamente que ia mandar tudo para o depósito, as cadeiras, a cama, o sofá... tudo! Não aceitava favores de pessoas estranhas e, de mais a mais, ocultas num criminoso silêncio. Tudo para o depósito!

Uma gargalhada do secretário acolheu as últimas palavras de Evaristo, comunicando-se a D. Branca e a Adelaide, que ia abrindo a boca para lamentar "a sua linda cama de ramagens e o seu querido toucador de mármore...".

---

31 Loucos.

— Então, vais mandar tudo para o depósito!...

E Furtado novamente ria, batendo com as mãos na mesa, inclinando a cabeça, sapateando.

— Impagável o nosso Evaristo! Simplesmente impagável esse homem com a sua filosofia de algibeira e com os seus ímpetos!

— Não te rias, que estou falando sério!

— Por isso mesmo...

E Furtado confessou generosamente, aprumando-se na cadeira, que os móveis tinham sido comprados por ele. Não fizera mais do que um dever de amigo... Restava saber se o Evaristo opunha-se à qualidade sofrível do guarda-roupa...

— Qual opor-me! — disse o bacharel todo humilhado com a fineza do secretário. — Escolheste a dedo!

— Mas não para ser entregue ao depósito.

— Para o depósito vou eu mandar os baús de couro e umas velharias do meu tempo de província.

E não se tornou a falar nos móveis e a estima do bacharel pelo secretário aumentou. Evaristo não perdia ocasião de gabar o Furtado, exaltando-lhe o coração generoso, a grandeza d'alma e outras virtudes que ele pouco a pouco ia descobrindo no seu velho colega de Liceu... Um homem como se não encontravam muitos na terra do egoísmo e da hipocrisia, nesse Rio de Janeiro fundamentalmente pervertido, onde as traições contavam-se pelas amizades e ninguém dava crédito senão ao ouro e à maledicência... Um homem que o recebera no seio da própria família e que, depois de o hospedar em casa, inda lhe emprestava dinheiro e fazia surpresas como a da mobília! Era o que se podia chamar um filantropo, um amigo excepcional!

— Que achas?

Adelaide confirmou os elogios, mostrando-se reconhecida às boas intenções do secretário, qualificando-o de generoso, de nobre, de fidalgo, emprestando-lhe todos os caracteres de homem de bem que não alardeia as ações meritórias que pratica. O Sr. Furtado era um exemplo de delicadeza e cavalheirismo. — Evaristo não via como ele a tratava? Interessava-se por ela como por uma irmã; nas refeições, nos passeios, à noite, quando jogavam. E a mulher também, a D. Branca. Ambos muito amáveis!

— São simpatias... são simpatias... — explicava o bacharel, acendendo o cigarro, com uma ponta de vaidade. — Tudo neste mundo é a gente se insinuar... O orgulho mata a aspiração, enfraquece o estímulo.

De manhã, vinham os dois, ele e a esposa, almoçar em companhia dos Furtado, como pensionistas dum hotel, e Adelaide passava quase todo o dia embaixo, na sala de jantar, com D. Branca, até à hora da segunda refeição, lendo romances, relendo jornais, discutindo modas, costurando. Uma vida sem preocupações, nem intrigas. D. Sinhá, do desembargador, é que às vezes ia interrompê-las com histórias de namoro e bilhetinhos e novidades de Botafogo, sempre muito misteriosa e muito coberta de pó-de-arroz. Furtado não gostava dela, não lhe achava encanto e profetizava-lhe horrores!

Que mais podia querer Adelaide? Que outras ambições podia desejar Evaristo? Perguntasse-lho, e eles não saberiam responder. Tinham casa, cômodos independentes. Boa mesa, boas amizades, tudo por pouco dinheiro, graças à generosidade do secretário, cuja dedicação parecia aumentar.

— E o piquenique no Jardim Botânico? — lembrou Furtado uma bela manhã.

— É verdade, o piquenique? — repetiu D. Branca.

— Por mim, é quando quiserem — disse o bacharel. — Ninguém mais do que eu aprecia o campo, as árvores, o ar fresco, e o perene correr de um fio d'água.

— Você por que não determina? — perguntou Branca ao marido.

— Tantas manhãs boas para a gente se divertir!

Furtado marcou o primeiro domingo de sol. Convidava-se unicamente o visconde de Santa Quitéria. Nada do desembargador, nem de pessoas estranhas. Havia de ser um piquenique familiar, uma coisa toda íntima sobre a relva macia, bem longe da entrada do jardim, debaixo de uma árvore.

— Ao champanha? — perguntou D. Branca com os olhos faiscantes, numa alegria súbita.

— Ao champanha, sim, ao champanha. Um piquenique delicado e de bom gosto, como se usa em Petrópolis e na Europa... *Toilettes* claras, roupas leves, *menu* à francesa, encomendado ao Pascoal!... e que ninguém se lembre de morrer enquanto houver sol e árvores na natureza!

— Não convidas a Tourinho?

Mas Furtado declarou inda uma vez que só convidava o visconde, isso mesmo porque devia muitos favores ao Santa Quitéria.

— Nem ao Dr. Condicional? — gracejou Evaristo.

Furtado esboçou um risinho, compreendendo a ironia, e não respondeu.

Eram de uso, então, os piqueniques no Jardim Botânico. Em se aproximando o calor, o grande parque enchia-se, aos domingos, de uma população ruidosa e promíscua, de milhares de pessoas de ambos os sexos, largamente espalhadas, indo e vindo, nos seus trajos fofos, ao som de uma banda de música oculta pitorescamente sob as árvores; e os tons claros das *toilettes*, o colorido gárrulo dos vestuários matizavam a frescura sombria dos caramanchões, de mistura com o vermelho sanguíneo dos *flamboyants*. Risadas estalavam num cascatear argentino que se ia perder nos longes da mata, ecoando em ondas sonoras de uma cristalinidade musical. No centro da comprida aleia de palmeiras que vai desde a entrada até o fundo da quinta, um repuxo esguichava perenemente, caindo em leque numa grande bacia de pedra, rodeada de mirtos silvestres. Crianças apostavam corridas e juntavam ao som da música a alegria de suas vozes. Em toda a parte a mesma liberdade comunicativa, a mesma expansão domingueira. Desde as cinco horas da manhã até as sete da noite, o Jardim Botânico era como uma grande sala de hotel. Almoçava-se, lanchava-se, jantava-se ao ar livre, sob os castanheiros, na relva fresca e cheirosa, à beira dos lagos.

Ao primeiro domingo de abril realizou-se o sonhado piquenique. A manhã estava radiosa, de uma inefável limpidez, o contorno das montanhas muito vivo, sem borrões de nuvens, recortando em zigue-zague o azul infinito e puro do céu — manhã deliciosa como uma recordação do passado ou como uma tela impressionista em que vibrasse a alma das coisas numa estranha sinfonia bucólica de poema virgiliano[32]... manhã como essas de que falava a esposa do secretário — boa para a gente se divertir, para a gente esquecer um pouco as misérias da vida, longe da Rua do Ouvidor e das mexeriqueiras do bairro... Valia a pena, decerto, aproveitar uma manhã como aquela, indo entre as árvores, no seio bom da natureza, bebendo a água das fontes, a ouvir o misterioso segredar dos pássaros e o trilar dos insetos invisíveis — na Tijuca, no Jardim Botânico, em Petrópolis, em Friburgo, em Santa Teresa..., onde quer que houvesse frescura e um pouco d'água límpida.

Todos acordaram cedo, a começar por D. Branca e a acabar por Evaristo, que, à última hora, não se sentia em condições muito

32 Relativo ao poeta romano Virgílio (71-19 a.C.), autor das Bucólicas, das Geórgicas e da Eneida.

favoráveis a uma jornada no campo; mas, enfim, sempre se resolveu, depois de tomar uma dose de conhaque com açúcar.

A mulher de Furtado, sobretudo, não ocultava o bom humor que lhe ia na natureza. Era doida por piqueniques, ninguém lhe falasse em piqueniques! Ergueu-se às quatro horas, mesmo porque não dormira bem com o calor, e foi à janela da frente ver como amanhecera o dia, "se o Corcovado tinha nuvens"... Qual nuvens! O perfil da montanha estava limpo na meia sombra do alvorecer. Qual nuvens! Daí a pouco o solzinho estava fora e ela em caminho para o Jardim Botânico, mais o Furtado e a Adelaide e o Evaristo e o visconde, o simpático visconde, o homem que ela tanto admirava e que em toda a parte era o mesmo — elegante, correto, generoso como um nababo, fidalgo até no abotoar a luva a uma dama... Oh, o visconde de Santa Quitéria! Como ela se ia divertir, naquele passeio ao ar livre, como ela ia gozar! A última cartinha dele...

— Que horas são?

Era a voz do secretário, inda na cama, na frescura matinal dos lençóis. D. Branca teve um pequeno susto, um ligeiro sobressalto.

"Que horas eram? Quatro e meia..."

Ele, então, bocejou, espreguiçou-se molemente, coçando-se e tornou a perguntar:

— Quatro e meia?

— Deu agora... Não faças barulho para não acordar a Julinha.

— Vamos tratando de nos vestir.

— Vamos. Não tarda clarear.

E começaram as abluções, os preparativos.

No segundo andar o som abafado de um despertador elétrico fez sinal retinindo embaixo, nos aposentos do secretário. Ele e a mulher trocaram algumas palavras. Tinham combinado com o visconde para as seis horas e o visconde prometera não faltar. — Às seis em ponto estaria na casa do amigo Furtado.

Foi pontual o Santa Quitéria — questão de mais um minuto, menos um minuto. Vinha chique e alegre, sorrindo ao aproximar-se da casa do secretário, no seu *veston*[33] de brim, chapéu de palha, binóculo a tiracolo e uma pequena valise cor de chocolate.

As duas senhoras correram à janela e o marido de D. Branca foi recebê-lo à porta da rua.

---

33 Jaquetão.

O visconde apeou nobremente, murmurou qualquer coisa ao boleeiro, e, risonho, apertando a mão a Furtado:

— Creio que estou na hora...

O secretário respondeu com uma exclamação venturosa, estirando o braço para o Corcovado:

— Veja que dia lindo!

— Efetivamente! Está convidativo, está próprio!

E respeitoso, solene, o amável banqueiro perguntou pela "excelentíssima senhora" e pelas crianças.

— Todos bons, muito obrigado. O senhor visconde é que tem mocidade para um século!

— Oh, meu amigo... As aparências iludem... já me vou sentindo cansadinho, graças a Deus.

— Ora, o senhor visconde!

Branca e Adelaide gentilmente o acolheram no alto da escada.

Evaristo completava a *toilette* no segundo andar.

— Que dia lindo, senhor visconde! — fez a esposa do secretário, recuando para deixar passar o Santa Quitéria.

— Lindo, minha senhora, lindíssimo!

Tinham todos um ar alegre e trataram-se com uma familiaridade burguesa, na mais bela disposição de ânimo.

Adelaide, curiosa, quis ver se o visconde trazia o anelão de brilhante, e os seus olhos procuravam a mão do banqueiro. Trazia, sim. Era uma das coisas que ela admirava naquele homem — o anel, uma joia primorosa, inestimável.

— O senhor seu marido vai bem, minha senhora?

— Bem, obrigada — respondeu Adelaide, menos cerimoniosa.

Porque o visconde de Santa Quitéria em roupa de passeio não tinha ares de fidalgo, como quando se apresentava de casaca ou mesmo no seu fraque justo e elegante. A roupa branca — larga e mole no corpo dava-lhe uma feição distinta, mas democrata, uma feição popular de rapazola que sacrifica o luxo pela comodidade, a moda pelo bem-estar. Vendo-o assim, a esposa de Evaristo animara-se a lhe responder em tom quase íntimo de conhecidos velhos.

O criado trouxe uma bandeja com chocolate e pão-de-ló. Todos se serviram, inclusive o bacharel, que já estava presente.

Afinal, depois de meia hora de palestra matutina, e aos primeiros clarões do sol triunfante, a comitiva, em dois carros, tomou a direção do Jardim.

O visconde fora se reunir à família do secretário não tanto por delicadeza, quanto por "chiquismo", para ir na companhia das senhoras, gozando a amável presença de D. Branca e da jovem Adelaide. Não queria perder ocasião de se mostrar na altura dos seus sentimentos e da intimidade com que o tratavam as dignas senhoras. O título de nobreza, que ele carregava solenemente há dois anos, graças à benevolência do Sr. D. Pedro II, não o impedia dessas e outras manifestações democráticas. Os reis também apertam a mão ao povo e também lá um dia esquecem as púrpuras e a coroa, trocando-as pelo redingote[34] burguês... O próprio imperador já uma vez desembarcara na Europa, no cais Sodré, de sobrecasaca e guarda-pó, como qualquer mortal.

Estimava muito o amigo Furtado e a Sra. D. Branca para não ter orgulhos de nobreza, nem de fidalguia. O seu paletó branco e a sua calça branca naquele momento significavam intimidade e também um pouco de elegância. A *toilette* em harmonia com a estação e com o gênero de passeio.

Num dos carros ia ele, D. Branca e o secretário, no outro Adelaide, Evaristo e o Raul. A Julinha fora passar o domingo à casa do desembargador; D. Sinhá prometeu desvelar-se por ela.

Na frase entusiástica do visconde "o dia estava lindíssimo!", o céu, muito azul, parecia o fundo largo de uma tela desdobrando-se infinitamente por sobre o universo. A Corte espreguiçava-se aos primeiros ruídos da manhã luminosa. Na plataforma dos bondes flutuavam bandeirinhas verde-amarelas com a coroa nacional. Os quiosques de Botafogo tinham o aspecto risonho de pavilhões infantis, embandeirados também, com os seus galhardetes em arco, sob as árvores, olhando para o mar. Um cheiro vivo de jasmins inundava a atmosfera, como que aveludando-a cariciosamente. Principiava a agitação nos cafés e nas hospedarias. O Raul julgou mesmo ouvir sons de música ao longe e apurou o ouvido: — "Se não estava enganado..."

Ia para mais de seis horas.

O visconde foi o primeiro a apear. Todos apearam, numa grande alegria, diante do portão do "nosso Bois de Boulogne"[35], como dizia o Santa Quitéria.

34 Sobrecasaca.

35 O Bois de Boulogne é o maior parque de Paris.

Furtado indagou logo se o homem da *rotisserie*[36] já teria vindo, e lançou um olhar curioso pelas proximidades do portão.

— Qual! Ainda não veio... Pois olhem que eu tratei para as sete horas!

O visconde tranquilizou-o puxando o relógio, e dizendo que ainda faltavam quinze minutos para as sete.

— Aí vem ele! — descobriu o Raul com um gesto alvissareiro, apontando para um homem que trazia na cabeça uma grande caixa de folha em que se liam as inscrições: *Confeitaria Pascoal — Rua do Ouvidor.*

— Ora muito bom dia! — saudou o empregado aproximando-se.

— Bom dia — corresponderam todos a uma voz.

Um clarão iluminou os olhos vivos do filho do secretário.

— Já há bocado que estou à espera de vossas senhorias — tornou o homem da caixa.

— Vá entrando e acompanhe-nos — ordenou Furtado.

O visconde ofereceu o braço gentilmente à D. Branca e, com as demais pessoas — ele à frente — seguiu em linha reta para o interior do jardim.

Lá estava, entre as palmeiras, o repuxo cantando, em fios d'água, a monótona balada das fontes; ouvia-se, de longe, o ruidozinho da água a esguichar, caindo em arcos para um e outro lado e confundindo-se quase com o nostálgico farfalho das árvores. O sol, brando e macio, erguia-se lento, sobredourando as eminências, pouco a pouco iluminando a espessura do arvoredo e a larga extensão verde que enchia bruscamente os olhos encantados de Adelaide como um sonho de glória e bem-aventurança. Respirava-se a frescura das plantas e o aroma fino das trombetas e das rosas, a essência matinal das grandes árvores e dos pequenos vegetais que acordavam à vida num banho morno de luz. Pompeavam estranhas florações no recesso da mata e um hino misterioso parecia levantar-se da natureza ao astro fecundante que ressurgia com o seu esplendor incomparável de rei absoluto.

Vinham chegando outras famílias, outros casais, outros grupos, que logo se perdiam no emaranhado das aleias laterais, e em todas as fisionomias brilhava uma satisfação íntima, um como prazer novo e especial, um reflexo de imortalidade astral.

O visconde parou no chafariz. Todos pararam no chafariz.

36 Estabelecimento onde se vendem carnes e outros assados.

— É realmente belo! — exclamou o bacharel com os olhos erguidos em êxtase para a copa das palmeiras.

— A Tijuca é mais solene... — observou circunspecto o visconde.

— O barulho da cascata é como se a gente estivesse num ermo religioso... no meio de um deserto... muito longe... muitíssimo longe...

— Oh, então deve ser triste demais... — argumentou o marido de Adelaide.

— Como triste? É encantador! É poético!

— Falta aqui o Dr. Condicional para dizer que lembra o *Evangelho na selva...* — insinuou o amigo de Furtado.

O visconde achou graça, e, desdenhoso, carregando a esposa do secretário:

— Um *petit-maître*[37], o tal Manhães!

Todos riram, inclusive o Raul que perguntou à mamãe o que era *petit-maître.*

Escolhido o local para o piquenique, sob um caramanchão agreste de parasitas imitando a entrada de um túnel e onde havia uma grosseira mesa de pedra, nos fundos do jardim, o bacharel propôs uma volta, uma grande volta "para abrir o apetite".

Ninguém discordou da ideia. O Antônio ficava botando sentido à comida. (Antônio era o criado do secretário.)

— Um vermutezinho não é mau antes do almoço, oh, visconde... — lembrou Furtado.

— Vá lá um vermute.

— Já tão cedo! — exclamou Adelaide.

— Pois então!... — fez D. Branca.

— Cedo para preparar o estômago — replicou o banqueiro.

— Ah!...

O próprio Furtado tirou da cesta cálices, uma garrafa intacta que o Antônio abriu com estampido, e bebericaram.

— Agora, toca!

E marcharam, ora a dois e dois, ora a três e três, por entre os tufos verdejantes, papagueando e rindo, num começo de liberdade familiar. Aves ariscas voavam pressentindo-os; pipilavam ninhos na frondosa espessura das ramagens; estridulavam cigarras em desafio, numa orquestração aguda e uníssona.

---

37 Janota. Homem trajado com luxo desmedido e pretensioso.

Evaristo, no meio de toda aquela paisagem tropical, de uma riqueza encantadora, lembrou-se da província, e, num tom solene e misterioso, recitou descobrindo a cabeça e estacando:

— *Solidão, eu te saúdo! Silêncio do bosque, salve!*

Lera isso há muito num clássico português e nunca um pensamento alheio fora tão bem empregado!

— Olhe, D. Adelaide, como se deita a perder um homem — gracejou o secretário.

Adelaide sorriu.

— Vocês é porque não sabem glorificar a natureza, vocês é porque não leem os clássicos! — replicou o bacharel.

— Mas não te lembras do resto.

— Como não me lembro, se é uma das páginas que eu nunca hei de esquecer?

E o bacharel, sem receio de escandalizar o aprumo do Santa Quitéria, berrou para o alto, como se falasse às nuvens:

— *Solidão, eu te saúdo! Silêncio do bosque, salve! A ti venho, oh natureza; abre-me o teu seio. Venho depor nele o peso aborrecido da existência; venho despir as fadigas da vida!... Os homens não me deixam; amparai-me vós, solidões amenas, abrigai-me, oh solidões deleitosas.*

— Onde queres tu chegar com essa desfruteira[38], oh Evaristo? — interrompeu o outro.

— Quero chegar ao fim da página...

— Olha que isso é um desrespeito ao visconde! — segredou Adelaide.

O banqueiro, porém, havia-se destacado um pouco e marchava com D. Branca, sem se incomodar, no seu passo lento de garça real. Atrás vinham as outras pessoas. O secretário tinha absoluta confiança no visconde; até aborrecia-o d'algum modo a sisudez, a gravidade patriarcal do celibatário. A Branca ia muito bem na companhia dele, do Santa Quitéria.

Este, enquanto o bacharel discursava e vendo-se longe de ouvidos perigosos, abriu válvulas ao coração, baixinho e disfarçadamente.

— Creio que não a posso esquecer; acordo e deito-me pensando no nosso grande amor... Imagine se estivéssemos sós aqui.

— Oh!...

38 Fantasia.

— Mas deixe estar que ainda havemos de ser muito felizes... muito felizes.

— Eu bem sei que me ama, bem sei, mas vi-o outro dia interessar-se tanto pela minha amiga Adelaide...

O capitalista sorriu benevolamente, como quem perdoa.

— Sua amiga Adelaide é uma criança... uma menina de ontem... e eu seria incapaz... Oh!... faça-me justiça...

— Eu não estou afirmando...

— Creia que não me preocupo com outra pessoa.

— E que tal a ideia do piquenique? Supus que não viesse...

O banqueiro guardava a atitude respeitosa e fidalga de quando se exibia nos salões. Ia responder, mas ouviu passos na areia. Voltou-se: eram as outras pessoas, o Raul, Evaristo, Adelaide e o secretário, que se aproximavam silenciosamente.

Foi longo o passeio através das árvores, em romaria bucólica e matinal pelas avenidas do jardim. O visconde colhia flores dedicadamente para as senhoras. D. Branca, mesmo na presença do marido, colocou uma na sua botoeira, sempre risonha, sempre afável, multiplicando-se em gentilezas ao Santa Quitéria. Adelaide, entre Evaristo e Furtado, não perdia o ar ingênuo e melancólico que tanto preocupava ao Manhães na noite do batizado e que encantava o secretário. Este volvia constantemente os olhos para ela e de vez em quando arriscava um segredinho inofensivo, uma pilheriazinha, elogiando-a, gabando-lhe os olhos, a boca, fazendo alusões amorosas às flores, glorificando o amor livre dos pássaros, lembrando cenas de romances, episódios do campo... Furtado aproveitava os momentos em que o bacharel ia, com o Raul, fazer provisão de flores “para enfeitar a mesa do lanche”.

Os dois já não sabiam onde colocar flores; levavam grandes buquês feitos à pressa. O secretário achava muita graça naquela amizade do Raul ao Evaristo.

— Se meu marido é uma criança! — ralhava Adelaide.

— Uma criança de vinte e oito anos!... — dizia o secretário.

— Criança, porque não tem juízo, porque não se importa...

— Deixe-o lá, deixe-o lá... É gênio.

— Mas não fica bonito, não é sério.

De novo entravam todos na grande aleia de palmeiras e de novo chegaram ao caramanchão escolhido para o piquenique.

Ia para as onze horas. O sol inundava a floresta e nenhuma nuvem toldava a maciez límpida do céu. Todos respiraram ao entrar no improvisado restaurante coberto de folhas, rodeado de árvores e onde se gozava uma frescura deleitosa e aromada de selva.

— Uf! — respirou Evaristo sentando-se. — Já é andar. Olhem que demos a volta ao jardim!

— Outra dose de vermute — propôs o secretário.

— Apoiado, apoiado! — murmurou o visconde fazendo-se alegre.

As duas senhoras conversavam endireitando as *toilettes*, revistando-se uma à outra com risadinhas.

O Antônio pusera "a mesa"; uma toalha muito branca alvejava no pequeno recinto que a luz mal penetrava. Sobre a toalha brilhavam os talheres de metal branco e os copos de cristal muito finos, e as flores que o Raul colhera. Ao aspecto risonho da mesa as fisionomias tomaram uma expressão viva de conforto. — "Era tempo de se ir comendo qualquer coisinha..." — balbuciou Evaristo ao secretário. Este dispunha tudo na melhor ordem, falando ao Antônio, sorrindo ao banqueiro, uma atividade pasmosa de *garçon d'hótel*[39].

De dentro da caixa da confeitaria surgiu primeiro um prato com *vol-au-vents*[40] e logo seguiu-se o estampido de uma garrafa que se abre.

— Vamos, vamos — comandou Furtado. — Senhor visconde. D. Adelaide... Branca... Evaristo... Vão se sentando... Riram-se todos à falta de cadeiras. Mas havia no caramanchão, longe da mesa, um banco de pedra, onde se sentaram as duas senhoras. Os homens comiam em pé.

— Aqui há ainda um lugar, senhor visconde — ousou amavelmente a esposa de Furtado conchegando-se à amiga.

— Não, não, minha senhora, obrigadíssimo; eu faço companhia aos do meu sexo...

— Isso, visconde, isso! — aprovou o bacharel. — Um homem é um homem!

Vieram outros pratos, outras iguarias delicadamente feitas no Pascoal, sob encomenda do secretário: uma esplêndida torta de camarões — regada a Sauterne[41] — ostras e uma bela garoupa fria e apetitosa, não falando no *hors-d'oeuvre*[42], no fiambre, nas

39 Empregado de hotel. Camareiro.
40 Tipo de guloseima salgada semelhante à empada, recheada com creme de leite.
41 Espécie de vinho doce de sobremesa.
42 Pequenos petiscos servidos antes da refeição principal.

azeitonas muito fresquinhas e muito negras que o visconde colhera com a ponta dos dedos, e as frutas ao *dessert*[43] — pêssegos, uvas e abacaxi *frappé*[44].

O almoço correu alegre, muitíssimo alegre, cheio de risos, fermentado pelo Bourgogne[45] e pelo champanha — um almoço leve, delicadíssimo e substancial, "aristocraticamente fino", como ideara o esposo de D. Branca. Evaristo, ao abrir-se o champanha, pediu que não se fizessem brindes.

— O brinde é a maior tolice do século dezenove — explicou ele, tragando uma roda de abacaxi. — O brinde parece até uma invenção do Valdevino Manhães ou de Mr. de La Palisse[46]; eu sou contra o brinde como sou contra a mon...

Ia dizendo monarquia, mas arrependeu-se logo, sem olhar para o visconde:

— ... Como sou contra o voto feminino!

— Eu só compreendo o brinde quando é de honra, à Sua Majestade o Imperador, à princesa... ou mesmo a um homem ilustre que se não confunda com o resto da gente.

— Qual, senhor visconde! — exclamou o bacharel depondo o talher.

— O brinde, seja ele a quem for, é uma das muitas ridicularias da civilização... Não sei como qualificar o indivíduo que interrompe a boa digestão de uma mesa, de uma sociedade, para, de taça em punho, *levantar um brinde às virtudes* de outro, não sei.

Evaristo esquecia-se do batizado da Julinha em que o diretor do Banco Luso-Brasileiro fizera diversos brindes entre os quais um a seu amigo Furtado, que por sua vez brindara à sereníssima herdeira do trono.

Adelaide fez-lhe sinal piscando o olho, mas o bacharel não percebeu e concluiu dizendo catedraticamente que o brinde "era uma prova de ignorância e de tacanhez intelectual".

Todos estranharam aquela franqueza perante o visconde de Santa Quitéria, na presença do respeitável amigo de Suas Majestades que ninguém ousava contrariar nas menores coisas.

Furtado disfarçou o mau efeito das palavras de Evaristo, dizendo alegremente que, para provar *ignorância e tacanhez intelectual,* ia brindar à Inspetoria do Jardim Botânico e mais à flora brasileira.

---

43 Sobremesa.
44 Gelados.
45 Tipo de vinho tinto francês de alta qualidade.
46 Jacques de Chabannes, senhor de La Palisse (1470-1525). Nobre francês cujo nome é associado à redundância dos fatos.

— Muito bem, muito bem, meu amigo — fez o visconde erguendo o copo. — O esposo da Sra. D. Adelaide estava bem para niilista[47], ao que vejo. Atira-lhe com um brinde à flora.

As palavras do visconde mereceram aplauso das duas senhoras. Adelaide e Branca saudaram-no entusiasticamente.

— Bravo, senhor visconde, bravo — exclamaram as duas a um tempo.

E Evaristo, esmagado pela maioria, bebeu também à *saúde* do Jardim Botânico, "uma vez que o amigo Furtado e o ilustre senhor visconde faziam questão".

Beberam, e o champanha, caindo no estômago farto dos homens e das senhoras, trouxe-lhes ainda mais alegria e expansão.

A própria Adelaide tinha agora um brilho comprometedor nos olhos, uma viveza fora do natural, e falava também, muito risonha, inclinando a cabeça no ombro de Branca. A mulher do secretário lamentou a ausência da viúva Tourinho; faltava uma senhora para completar três casais, e a viúva sabia se divertir como gente, era uma bela companhia.

— E o desembargador? Por que não convidaram o desembargador Lousada? — disse o marido de Adelaide, devorando um cacho de uvas.

— Oh, Evaristo, você ainda come? — acudiu a jovem esposa do bacharel, cujas faces, ordinariamente pálidas, tinham agora um ruborzinho quente.

Furtado perguntou, então, se ainda queriam tomar alguma coisa, e como todos recusassem, propôs novo passeio através das árvores. Ninguém discordou da ideia. Evaristo, porém, falou ao ouvido do secretário, que lhe respondeu baixinho, acrescentando alto, para as senhoras e o visconde:

— Podemos ir, podemos ir; o Evaristo irá depois...

— Como, irá depois? — perguntou Adelaide com um arzinho de riso.

— Vão andando, que eu já os encontro — disse o bacharel misteriosamente. — É questão de minutos...

— Espera por ele, oh Raul — ordenou Furtado.

E, oferecendo o braço a Adelaide, à imitação do visconde, que já se apoderara de D. Branca, saiu do caramanchão.

47 Adepto do movimento revolucionário russo que pregava a destruição de todas as instituições.

O número de passeantes aumentava com o correr da tarde. O jardim ia-se enchendo de famílias e rapazes que percorriam as avenidas de chapéu-de-sol aberto à luz das duas horas. Os sons da música chegavam aos ouvidos distintamente na aragem acariciadora que soprava. Como que esmoreciam os tons vivos da paisagem, num desmaio lento; o sol esfriava um pouco e o azul tinha agora uma cor poeirada de cinza, como um espelho que de repente se ofuscasse a um bafejo úmido. Todas as coisas iam mudando de aspecto à proporção que se aproximava o fim da tarde. Os tons vivos iam-se traduzindo em tons melancólicos; a natureza, cansada de luz, queimada pelos ardores do sol, numa indolência outonal, volvia-se para o crepúsculo, adivinhava a noite. O repuxo central do Jardim entoava a sua ladainha num ritmo blandicioso[48] de cascata longínqua.

Furtado queria se abrir com Adelaide agora que estavam sós, dizer-lhe tudo quanto sentia por ela desde que a vira pela primeira vez, contar-lhe as suas insônias, o muito que a estimava, a extraordinária simpatia que ela lhe inspirava; mas uma timidez amordaçava-o, uma timidez de colegial, e, no fundo, um vago sentimento de compaixão pelo amigo, pelo Evaristo, seu velho contemporâneo do Liceu, cujas qualidades, ontem como hoje, eram dignas do respeito que se deve a um chefe de família honesto e exemplar. Além disso, temia qualquer movimento de indignação por parte de Adelaide; ela talvez o repelisse, dando escândalo num lugar público, desabafando ali mesmo em face do visconde e de sua mulher, inutilizando-o. Mas logo esses temores desapareciam e voltava-lhe o ânimo, a coragem de homem useiro e vezeiro nas pugnas do amor fácil.

E já não pensava no Evaristo nem nas consequências de uma deslealdade infame, trancando o coração ao sentimentalismo e aos influxos nobres, abstraindo de tudo que não fosse o desejo criminoso e lúbrico de aumentar o número das suas conquistas. Porque, em verdade, a presença daquela mulher tirava-lhe o sossego íntimo, arrebatava-o como a presença de outras igualmente respeitáveis e a quem ele seduzira com os seus brilhantes e com as suas lábias, triunfando como um general invencível. Apontava-as a dedo; via-as passar na Rua do Ouvidor e saudava-as feliz e glorioso. Adelaide sorria-lhe e tanto bastava para que dentro dele se ateasse a chama rubra do desejo, lambendo-o vorazmente, como uma língua de fogo, queimando-lhe o coração, escaldando-lhe o cérebro.

48 No texto: suave.

Ele então apertava-a contra si, mordendo o beiço, ameigando o olhar, com ímpetos de explodir numa declaração formal, absoluta e suprema, como se estivesse de joelhos num confessionário, e pedir-lhe, pelo amor de Deus, por vida de seus olhos, por tudo! Que soubesse corresponder àquela estima, àquele amor, àquela loucura.

Adelaide ia rindo, muito satisfeita, não completamente fora do círculo de ideias que preocupavam a Furtado; de algum modo ela não estava muito longe de preferir o secretário a Evaristo; iniciada nos segredinhos de alcova por D. Branca, que lhe abrira os olhos à vida fluminense, tumultuosa e desregrada, na rua como nos salões, vendo o exemplo de outras mulheres e da própria Branca, Adelaide insensivelmente ia-se deixando absorver pelo meio que a cercava, embora a educação que recebera na província, os hábitos ingênuos, a natural timidez, que ainda conservava, não cedessem logo a um primeiro impulso do coração. Ela notava as delicadezas de Furtado, via-o quase sempre de olhos cravados no seu rosto como se quisesse adivinhar o que lhe ia n'alma, guardava o caso da mobília e dos duzentos mil réis e muitas outras provas de generosidade e fineza do secretário; mas atribuía tudo a um sentimento de amizade para com Evaristo, a um impulso natural de velho companheiro de escola.

Iam por uma aleia sombria de bambus, cuja copa unia-se formando um túnel verde extenso, que se prolongava em zigue-zague. Às vezes o banqueiro desaparecia numa curva com a mulher de Furtado, e o secretário conchegava o braço de Adelaide, numa pressão meiga e voluptuosa, como se a quisesse envolver de carinhos, o olhar medindo toda a singeleza do seu perfil, resvalando-lhe na cútis do rosto e caindo apaixonadamente no pescoço que as rendas do plissê[49] guarneciam de branco.

As palavras dele, ungidas de ternura, ritmadas pela emoção, Adelaide ouvia-as inquieta, e, instintivamente, apressava o passo, medrosa, de estar ali sozinha "com um homem!".

— Como é escura esta avenida! — exclamou, de repente, erguendo os olhos para a copa dos bambus.

Furtado estremeceu.

— Escura, mas muito agradável, não acha? — murmurou quase ao ouvido dela.

— Pelo contrário...

— Não diga pelo contrário... Leia os poetas... A solidão convida ao amor...

49 Plissado. Que possui pregas uniformes e simétricas.

Adelaide estranhou aquelas palavras e calou-se.

O trajo branco do visconde assomou longe e tornou a desaparecer entre as árvores.

A esposa do bacharel queixou-se de uma dorzinha de cabeça; o champanha lhe fizera mal.

Ele tranquilizou-a, dizendo que o champanha não fazia mal a ninguém; que era uma bebida inofensiva como água... O vinho do Porto, sim, o vinho do Porto estragava o estômago. Mas não tinham tomado vinho do Porto...

— Então é do sol.

— E do muito sol que apanhamos. Eu mesmo sinto um fogo na cabeça, uma quentura no cérebro.

De repente o secretário estacou; descobrira um pequeno inseto cor de ouro no ombro de Adelaide. Colheu-o na ponta dos dedos e mostrou-lho.

— Veja que bonito!

— É verdade: lindo!

— Naturalmente confundiu-a com alguma rosa...

— Que graça, senhor Furtado...

— E então? Admira-se de que eu a compare a uma rosa?

— Muito lindo! — repetiu Adelaide observando o insetozinho na palma da mão.

Estavam agora frente a frente ocupados com a descoberta do coleóptero[50], ele sem tirar os olhos dela, todo embebido na contemplação do seu rosto ideal.

— O Evaristo gosta muito de insetos, vou guardar para ele.

E depositou cautelosamente o besouro na bolsa de couro da Rússia que sempre trazia, dizendo:

— Que demora de meu marido!

— Anda às voltas, com o Raul.

E no momento em que ela fechava a bolsa para continuar o passeio, Furtado abaixou a cabeça, num movimento nobre, e beijou-lhe audaciosamente a mão, oferecendo-lhe, ato contínuo, o braço.

— Senhor!...

Ia exclamando: — Senhor Furtado!... — num tom de admiração e de queixa; mas, o insólito procedimento do secretário gelou-a.

50 Besouro.

Um beijo!... Faltava-lhe toda a coragem, toda a presença de espírito, para reagir no mesmo instante, lembrando ao marido de D. Branca o respeito que todo o homem deve a uma senhora casada. Penderam-lhe os braços, curvou a cabeça, e em vez de uma explosão de palavras que demonstrassem a Furtado a sua indignação e o seu assombro, ela deixou que as lágrimas corressem como pérolas de rosário desfiado. Nunca homem algum se atrevera a tanto, nunca o seu pudor de mulher fora tão cruelmente magoado como naquela ocasião e por um homem que devia ser o primeiro a respeitá-la.

— Adelaide... — murmurou Furtado numa voz suplicante. — Zangou-se?

A jovem senhora não respondeu. Ia calada, muda, abafando o seu ódio, enxugando as lágrimas. Compreendia agora os zelos do secretário para com ela, a sua fingida dedicação ao Evaristo; compreendia tudo...

Mas, ao mesmo tempo, compreendia a necessidade de ocultar aquele episódio revoltante "para não dar escândalo", para evitar a cólera de Evaristo e uma grande desordem, talvez, entre o secretário e a mulher. Oh, infelizmente era preciso mostrar cara alegre, ainda que o coração estivesse sangrando... Nunca lhe passara pela ideia que o Sr. Furtado, um homem que se dizia tão fino, tão bem-educado, abusasse da sua posição e de um momento como aquele para... para beijá-la, como se estivesse tratando com uma criadinha de família, sem pejo nem nada! Era muita coragem e muita desfaçatez!

— D. Adelaide... — repetiu Furtado aproximando-se dela. — Queira desculpar-me se a ofendi...

A esposa de Evaristo continuou no mesmo silêncio obstinado, como uma pessoa que de repente perdesse a fala, indo maquinalmente pela avenida, sem ver as coisas, olhando para o chão fofo que seus pés iam pisando insensivelmente. De alegre que estava quando saiu do caramanchão, tornou-se melancólica e indiferente às belezas do jardim e às fulgurações da luz. Doía-lhe a cabeça com uma intensidade atroz.

Furtado emudeceu também, penalizado, um pouco arrependido já, receoso de que Adelaide não fosse cometer alguma imprudência desabafando-se. Mordia o castão da bengala com um ar sério de quem cogita numa grave questão.

Aventurou nova pergunta:

— Quer que me ajoelhe e peça perdão? Creia que foi uma loucura de que me confesso arrependido...

Adelaide suspirou levemente, com alívio, ainda sem responder. Neste instante a música do outro lado do parque tocava uma habanera[51] saudosa cujo eco ia morrer longe nas montanhas, penetrado de evocações. O coração terno da esposa de Evaristo encheu-se de bondade e acordou subitamente da melancolia em que o deixara Furtado. Ela, porém, não tinha coragem de abrir a boca e dizer uma simples palavra, como se estivesse na presença de um estranho, de um desconhecido. Queria esquecer a ofensa que recebera do amigo do Evaristo, acabar com aquilo e continuar a viver como dantes; o homem às vezes não é senhor de si... Lembrava-se dos favores que o bacharel devia ao secretário, da extremosa amizade de D. Branca e um sentimento de gratidão penetrava-a desanuviando--lhe a alma, restituindo-lhe o bom humor e a visão otimista da paisagem e das coisas... Não valia a pena zangar-se, amofinar-se por uma tolice, de uma loucura... Ninguém vira o secretário beijar-lhe a mão, ninguém...; a aleia estava deserta como o interior de uma gruta longínqua.

Para que, então, provocar escândalo? Também não se deve ser muito escrupulosa... deve-se desculpar, fechar os olhos a estas coisas.

Furtado ouviu um rumor na areia. O Raul aproximava-se correndo; atrás dele vinha o bacharel em passo ordinário.

— Eh, lá! — gritou Evaristo. — Esperem ao menos pela gente!

O secretário voltou-se com Adelaide e riram ambos da filosofia ingênua daquele marido excepcional.

— Já te fazíamos desertor!

— A mim?... Ufa, que já me não tenho nas pernas!... Desertor?

— Onde andaste há quase uma hora?

— Vendo as cascatas e os reservatórios... Pergunta ao Raul!

— Oh, que bonito, hein, senhor Evaristo? Que bonito, papai! A cachoeira vem de lá de cima da montanha rolando, rolando como uma chuva...

— Esplêndido! — tornou o bacharel. — Já não nos lembrávamos de vocês... Que é do visconde?

— Vai lá adiante com a Branca.

— Papai, oh papai! — interrompeu o menino.

— Que é, meu filho?

51 Ritmo dançante de origem cubana.

— Um homem estava tirando o retrato da cachoeira, com uma máquina...

— Já sei.

E para Evaristo:

— D. Adelaide é que está com uma dorzinha de cabeça.

— Melhorei um bocado, já não dói tanto — disse Adelaide.

— E agora para onde nos atiramos? — perguntou o bacharel.

— Ao encontro do visconde e da Branca.

Foram andando os três, mais o Raul. Saíram na grande aleia das palmeiras, onde se achava o Santa Quitéria de braço com D. Branca em torno do repuxo, vendo cair a água em fios dentro do reservatório.

— Olá, como estão embebidos! — exclamou o Furtado.

O bacharel, por trás do secretário, piscou maliciosamente o olho à esposa.

— É verdade, como estão embebidos! — repetiu Evaristo.

E aproximaram-se justamente na ocasião em que o Santa Quitéria falava em voz muito baixa no seu escritório na Rua da Alfândega, onde havia uma alcova, *toilette,* jarro com flores, *et cetera...* O instinto de D. Branca advertiu-a da aproximação de Furtado; ela fez sinal com os olhos ao banqueiro e entraram todos a confabular alegremente.

Estava reunida a *troupe* sem faltar uma só pessoa. O Visconde consultou o relógio: eram três e meia.

— Cedo — murmurou.

— Querem tomar alguma coisa? — ofereceu o secretário. — Um vermute, um conhaque, um copo de água gelada.

Ninguém queria; em todo caso foram repousar à sombra do caramanchão, enquanto o sol ainda estava quente.

Adelaide aparentava a mesma fisionomia naturalmente ingênua do costume. Evaristo, sempre despreocupado, não adivinhou, através do seu rosto, a mais leve contrariedade. Já se habituara àqueles longes de melancolia, que eram a verdadeira expressão do olhar da esposa. D. Branca notou porém um tom cerimonioso na voz do Furtado, quando este se dirigia a Adelaide. Desconfiança, talvez, mas notara... e ela que conhecia bem o gênio do esposo, imaginou logo o fio de uma secreta história de amor...

Às cinco horas, nova refeição desafiava o apetite do bacharel e do Raul, somente deles, porque as outras pessoas torceram o nariz à galinhola e à maionese de salmão; contentaram-se parcamente com uma fatia de queijo holandês, um pouco de marmelada e vinho de Bourgogne. O Visconde acrescentou água de Selters, limpando o bigode com cerimoniosa fidalguia.

Evaristo e Raul é que não dispensaram a comezaina e entraram, de rijo, na asa de galinha e na maionese.

— Vocês não sabem o que estão perdendo! — excitava o bacharel, sem cerimônia, trincando as azeitonas. — Um bocadinho de maionese, Adelaide!

O Raul achava graça nas palavras e no apetite de Evaristo e ria mastigando, com um risinho dobrado e sonoro que fazia os outros rir.

— Então, D. Branca? Mostre ao menos que é filha do sul!

— Não, senhor Evaristo, muito obrigada — sorriu corando a elegante fluminense.

— E o senhor Visconde? E o amigo Furtado? Olha que gente!...

Abriam-se garrafas de vinho. O Antônio, sempre alerta, movimentava o quadro, exibindo as suas qualidades de copeiro que ama o ofício.

— Não vás indigestar... — advertiu o secretário ao filho.

No mesmo instante Adelaide recomendava ao marido que "tivesse cuidado com a maionese".

A luz do sol desmaiava num crepúsculo cheio de misteriosas palpitações. Descia das montanhas um ar úmido; o som das cascatas vinha impregnado do aroma da floresta, como se dele fizesse parte, e evocava, àquela hora, longes de natureza tropical, saudosas ave-marias da infância... O parque com as suas árvores colossais, com os seus renques de palmeiras, com os seus túneis de verdura e com as suas planícies de grama, onde brotavam pequeninos eucaliptos e obscuros vegetais de famílias obscuras da Índia e do norte da América — o grande parque ia-se revestindo de melancolia e cada árvore com a sua etiqueta explicativa tinha um ar fúnebre de cemitério...

— Agora podemos ir — disse Evaristo -, mesmo porque vem caindo a noite...

Dirigiram-se todos para o portão do Jardim.

Capítulo 5

Adelaide recolheu-se triste naquela noite; por maiores esforços que fizesse, não podia esquecer a afronta do secretário aos seus brios de mulher casada, e o que mais a impressionava era o desplante, o cinismo audacioso com que ele a beijara... — Que coragem de homem, Senhor! Quase à vista de todos, em pleno Jardim Botânico, num lugar público! Eis aí quando a gente perde a cabeça e comete uma loucura, eis aí!

Depois falam, depois não dão razão, e uma mulher vê-se obrigada sofrer os maiores insultos, porque tem medo de que lhe aconteça pior...

Já há dias notara certas liberdades de Furtado, certa maneira de lhe falar, de lhe dizer as coisas baixando a voz, ameigando o sotaque, olhando-a insistentemente; já há dias notara... mas, palavra de honra como não supunha o marido de D. Branca um homem sem escrúpulos, um sedutor, um amigo desleal... Pobre Evaristo! nem sequer imaginava...

E caía-lhe n'alma um desgosto, uma tristeza, um cansaço da vida, um peso enorme. Oh, quanto mais para dentro da civilização, mais horrores, mais espinhos, como no interior de uma floresta de cardos, povoada de insetos venenosos. Homens e mulheres traem-se com a mesma facilidade com que se juram amar eternamente uns aos outros. Bem lhe diziam na província que o Rio de Janeiro era um centro de perdição, uma Babilônia de vícios, bem lhe diziam!... Melhor prova ela não podia ter: o Sr. Luís Furtado, aristocrata de Botafogo, pai de família, mostrava-se dedicado aos outros para poder abusar. E assim era tudo.

O cérebro de Adelaide enchia-se de considerações, enquanto Evaristo mergulhava num sono calmo e reparador. O bacharel não esperou pela hora habitual de se deitar, fatigado do passeio, com uma invencível morrinha no corpo, os olhos ardendo, a vista turva, esvaziou uma moringa d'água fresca e estendeu-se na cama, na bela cama de casal. "Não era de bronze para resistir às consequências de um piquenique!" E dormia, o Evaristo, como o mais feliz de todos os bacharéis.

Adelaide é que não podia dormir, apesar de cansada também.

Era maior a preocupação moral que o sono. Ouviu bater oito horas, nove, dez, onze, meia-noite, e o cérebro a trabalhar, a funcionar como uma máquina de alta pressão. Chocavam-se nela as mais desencontradas ideias: ora Furtado parecia-lhe um homem sem caráter, indigno da amizade de Evaristo ou de quem quer que tivesse um bocado de vergonha, ora afigurava-se-lhe cavalheiro distinto, com todas as virtudes e defeitos (não há homem sem defeitos...) da sociedade em que vive. Ao mesmo tempo que o condenava por lhe ter beijado a mão, ferindo-a no seu amor-próprio, intimamente o perdoava, lembrando-se de que talvez ele a amasse deveras e o amor é cego, o amor não quer saber de razões... Quem sabe? Ele talvez a amasse, talvez lhe consagrasse alguma estima particular e fora de suspeitas criminosas. Beijou-a porque... porque não teve forças para se dominar...

A consciência, porém, dizia-lhe baixinho que uma mulher casada, uma mulher que se ligou a um homem para toda a existência, é objeto que outro homem não deve tocar nem de leve, ainda mesmo a pretexto de amizade fraternal ou de sagrada admiração; e a esposa que se deixa beijar por um homem, que não é o seu legítimo marido, tem na sociedade o feio nome de *adúltera*. Vinha-lhe, então, um arrepio nervoso, uma sensação de remorso por não ter energicamente repelido o secretário, mesmo com escândalo, embora caísse sobre ela todo o ódio de Furtado e de D. Branca; acima deles estava a sua dignidade e a honra de Evaristo. No meio dessas ideias, e como uma aparição bendita, surgiu-lhe a figura de Balbina, a preta velha de Coqueiros, e uma lágrima triste, uma lágrima de saudade embebeu-se no travesseiro da meiga esposa do bacharel.

Evaristo roncava.

No outro dia falou-se muito no piquenique; todos tinham gostado imenso. A correção do Visconde, o ar fidalgo que ele não perdia mesmo entre amigos, a *toilette* com que se apresentava, as suas delicadezas mereceram especiais referências de D. Branca.

O secretário não esteve muito loquaz ao almoço; dava uns apartes tímidos e avançava um ou outro juízo irônico sobre o passeio da véspera, lamentando as dores de cabeça de Adelaide e a eterna circunspecção do Visconde. — "Afinal, a verdade é que ninguém se divertira. Resultado: um passeio de burgueses, um piquenique fúnebre!"

— Fúnebre por quê? — saltou Evaristo. — Vocês é que não sabem se divertir; eu pelo menos fiz honra à confeitaria Pascoal e gozei o que há muito não gozava: o aspecto da nossa natureza, a sombra de uma árvore e a frescura de um veio d'água. Nesta imperial cidade, onde a vida do rei é o que de mais precioso existe, vale a pena um homem sair dos seus cômodos para respirar o ar livre do Jardim Botânico ou de outro jardim qualquer. Nós é que não sabemos gozar o que possuímos. O imperador absorve o cérebro e o coração deste povo...

— Deixe o velho, Sr. Evaristo, Sr. Evaristo... — fez D. Branca. — O imperador é um bom homem.

— Ninguém diz o contrário; mas o Brasil ainda é melhor que ele...

— Aí vem política! — murmurou Adelaide, que até aí não dera palavra.

Furtado olhou-a e sorriu; ela abaixou os olhos gravemente.

O resto do dia passou calmo. Adelaide subiu, depois do almoço, como às vezes costumava, e foi ler os jornais. Estava resolvida a mudar-se daquela casa antes que estalasse algum escândalo.

Mas a insistente ideia de Furtado não a abandonava e todo o santo dia pensou nele, como num objeto querido, e nas histórias de amor que lhe contara D. Branca. Como exigir de Evaristo uma mudança brusca, ela que nenhuma razão podia alegar contra o sobrado ou contra a família do secretário? Dizer-lhe simplesmente que não estava bem ali era uma imprudência, tanto mais quanto as suas relações com a esposa de Furtado eram estreitíssimas e ela sempre fizera grandes elogios à casa e ao próprio marido de D. Branca. Antes esquecer, antes esquecer tudo e apresentar-se alegre, fazendo pela vida como os outros, não estorvando os projetos de Evaristo, aceitando os homens como eles são — desleais e corruptos... Que podia ela só contra uma sociedade inteira, contra milhares de pessoas? Nada, absolutamente nada. Homem e mulher vivem conforme a sociedade os obriga a viver, fingindo não perceberem aquilo que lhes está entrando pelos olhos; a mulher principalmente, a mulher é um ente nulo, uma criatura sem vontade, uma pobre máquina dos caprichos do homem. Triste daquela que, instigada pelo amor-próprio, arrebatada por um movimento de dignidade feminina, rebelar-se contra o jugo do meio em que vive! Não lhe faltarão apodos, nem grosseiras alusões...

Na sua simplicidade provinciana a jovem esposa do bacharel começava a compreender o papel inferior da mulher na civilização, e traçava mentalmente um programa de vida, uma linha de conduta humilde e utilitária sobre as bases que lhe fornecera a experiência de alguns meses. O Rio de Janeiro aparecia-lhe agora sob um aspecto novo e convencional. Furtado representava, a seus olhos, o homem moderno, capaz de todas as perversões, de todas as hipocrisias, colocando acima da dignidade própria, o sensualismo, os gozos inconfessáveis, a luxúria sob todas as formas e as exibições públicas de *toilettes* à última moda. Notara, no piquenique, a insistência com que o Visconde de Santa Quitéria se dirigia a D. Branca, levando-a pelo braço a passear no Jardim, fora das vistas do secretário, enquanto este, por seu turno, ia maquinando o melhor meio de pôr em prática uma traição ao amigo... e essas e outras coisas enchiam-lhe o coração de descrença e de pesar. O verdadeiro — a prudência lho dizia — era fechar os olhos a tudo e esperar que Evaristo se convencesse da asquerosa realidade... Ela nunca o havia de trair, isso nunca! Preferia morrer, preferia suicidar-se... Queria-o muito, orgulhava-se em o ter como esposo de sua alma. Ou a mulher ama o homem com quem vive e, se o ama, não o pode trair, ou não o ama e, neste caso, é a pior de todas as mulheres de vida fácil, porque diz hipocritamente que o ama para, à sombra de um responsável, cometer infâmias. Não, ela havia de respeitar seu maridinho enquanto Deus lhe desse juízo.

Arrumou a casa, espanou os móveis, passou uma vista nos jornais e sentou-se entregue às suas reflexões, o espírito alvoroçado pelo enxame das ideias, num grande silêncio de tugúrio que nenhum estalido quebrava.

D. Branca, pé ante pé, foi encontrá-la na cadeira de balanço, a olhar o teto, numa abstração infinita, rodeada de jornais.

— Boa vida! — exclamou, com um sorriso afetuoso, a mulher de Furtado.

Adelaide teve um pequeno sobressalto: — Oh!... Estava pensando...

— Estava pensando! Isso é grave... Cai ou não cai o ministério! O imperador vai ou não vai à Europa?

A outra endireitou-se na cadeira, passou a mão nos olhos, como quem acorda, e suspirou de leve.

— Olhe que a vida é curta, menina, olhe que a vida é curta — repetiu a amiga em tom conselheiro.

— E os desgostos são muitos...

— Qual desgostos, criatura! Uma mulher nova e bonita não pode queixar-se.

E sem transição, D. Branca aludiu ao piquenique. Adelaide gabou a festa, para não contrariar a esposa do secretário, recordou o champanha, os ditos espirituosos do senhor Furtado e, propositalmente, não falou no Visconde.

D. Branca, então, sem estranhar o silêncio de Adelaide, fez o elogio de Santa Quitéria, enaltecendo-lhe os modos, "a impecável distinção com que ele tratava uma senhora, a extrema delicadeza que punha nas palavras e nos menores gestos", concluindo que o Visconde era, na sua opinião, "o que se podia desejar de *tout à fait chic*".

— Ele parece simpatizar muito com a senhora.

— Comigo? Oh não, nem diga tal coisa!

— Por quê?

— Porque não é bom, pode alguém ouvir e eu não quero — Deus me livre — uma questão com o Furtado...

O certo, porém, é que D. Branca exultou intimamente com as palavras de Adelaide. — "Era, então, verdade que o Visconde parecia simpatizar com ela... Que lembrança?..."

Ia animada a palestra, quando a campainha soou embaixo e vozes repercutiram na escada.

Eram os dois amigos que voltavam juntos do Banco.

À noite ainda se falou no piquenique, tema inesgotável das conversações daquele dia. Ninguém se lembrava de outra coisa; o piquenique no Jardim Botânico era a grande novidade, o grande acontecimento.

Adelaide estava mais expansiva; trocou algumas palavras diretamente com o secretário, emitiu opiniões, teve risos gostosos; enfim, já não era a mesma que D. Branca surpreendera com os olhos no teto, a pensar e que se conservara silenciosa ao almoço, enquanto as outras pessoas comentavam o piquenique.

As noites eram mais frescas então; respiravam-se as primeiras brisas do equinócio das flores, o sol ia perdendo a intensidade abrasadora e caniculante que afugentara para Petrópolis e Friburgo os satélites imperiais do monarca. A vida fluminense, por assim dizer interrompida com a ausência da aristocracia palaciana, voltava a funcionar, é verdade que sem o estímulo habitual, porque a sabedoria de Hipócrates[52] ordenava ao imperador uma retirada para o outro continente, e os olhos do povo e da nobreza cedo começavam a chorar a ida inevitável do augusto e perpétuo defensor do Brasil. Voltavam tristes as andorinhas de Petrópolis,

52 O maior médico da Antiguidade (460-375 A.C.), considerado o patrono da Medicina, a quem todos os estudantes fazem o juramento quando se formam.

e essa tristeza comunicava-se ao meigo rebanho que atravessara dezembro e janeiro ao sol, enquanto a asa negra da febre amarela estendia-se pavorosa sobre a heroica cidade.

Os jornais, numa faina lúgubre, pediam contas ao governo sobre o verdadeiro diagnóstico da imperial moléstia e já se dizia por toda a parte que "o rei ia, mas não voltava... — Diabetes ... glicosúria... *surmenage*... eram palavras que enchiam a Rua do Ouvidor subindo e descendo com os transeuntes. — Quem ficava no trono! Quem se responsabilizava pelos destinos da grande pátria americana? Toda a gente sabia que era a princesa, mas toda a gente perguntava: — Quando era o dia do embarque? — e cada boca era uma interrogação e cada olhar uma profecia. Republicanos, abolicionistas, em conciliábulos secretos, viam na doença do imperador o triunfo das *novas ideias*, a conquista da liberdade, a grande hora da fraternização brasileira..." E reduzido às míseras proporções de inválido, o segundo Alcântara, bisneto da Sra. D. Maria I, universalmente conhecido pelos seus versos ao *bom povo ituano* e pelo seu amor às letras, que na Europa dava-lhe foros de primeiro poeta do Brasil — o celebrado amigo de V. Hugo[53] e das canjas do Teatro Lírico ia sulcar o Atlântico *para bem do povo e felicidade da nação,* desse povo que tanto o amava e dessa nação que ele governava há meio século.

Povo e nação volviam os olhos para a Tijuca à espera de que saísse o augusto enfermo, com o seu préstito de áulicos e turiferários[54], humilde agora mais do que nunca, dentro de um cupê imperial[55], abatido e tristonho na grande dor que o pungia... Quantas pessoas ainda não o tinham visto e queriam vê-lo agora no embarque! As ruas haviam de se encher, as ruas e as praças quando os clarins dessem sinal da aproximação d'Ele. Oh, havia de ser um espetáculo comovedor, uma tristeza enorme, um pranto geral nos palácios e nas choupanas, onde quer que brilhasse a fama do seu queridíssimo nome. Os republicanos mesmo não se conservariam insensíveis.

— Porque — dizia, numa roda, o secretário — vocês podem negar tudo, menos que o imperador seja querido pelos brasileiros.

A roda compunha-se dele Furtado, de Evaristo, de Valdevino Manhães, do deputado Ismael Pessegueiro, de Alagoas, e do Freitas Camargo, outro poeta, companheiro do Manhães na *Revista Literária.*

O tema era a viagem do imperador daí a alguns dias. Estava-se em fins de maio. Aboletados ao redor de uma mesinha no *Castelões,*

53 Victor Hugo (1802-1885) poeta e romancista francês, autor de Os miseráveis.
54 No texto: bajuladores.
55 Carruagem fechada com duas portas e dois lugares.

cada um expunha o seu juízo acerca do monarca e da imperial viagem à Europa. O secretário do Banco apelava para a consciência de todos: — era ou não estimado no Brasil o imperador?

Valdevino Manhães, cavalgando o pincenê afetadamente, e cruzando as pernas com um ar doutoral, lembrou as suas tradições republicanas e disse que, apesar de nunca ter merecido favor nenhum do Império, não ousava negar a estima do povo ao rei; mas isso não queria significar adesão eterna do povo às instituições monárquicas: era um sentimento pessoal, uma *generosidade afetiva*, um respeito mesmo às barbas brancas do velho...

— Engana-se, amigo — interrompeu o representante de Alagoas calmo, sem se mover na cadeira, fitando os olhos no Dr. Condicional. — Pedro II enraizou a monarquia no Brasil, e, ainda que tivéssemos o desgosto de lamentar a sua morte hoje ou amanhã, o Brasil havia de ser sempre Império do Brasil, nunca uma república. Desejar o sistema republicano para o nosso país é querer a ruína de uma das maiores nações do mundo. Veja o senhor a Inglaterra.

— Exatamente — apoiou Furtado.

— A Inglaterra é uma nação decadente! — berrou o Manhães. — Não há termo de comparação entre a Inglaterra e o Brasil. O Brasil um país novo, ainda nas faixas infantis...

— Por isso mesmo, por isso mesmo! — argumentou o deputado. — Os países novos precisam de um freio, como o indivíduo na infância.

— Qual freio, Sr. Doutor! De freio precisam os burros, e nós somos um povo inteligente, um povo que não precisa de freios nem de monarcas. A república há de se fazer, creia!

O alagoano, que pela primeira vez tratava com o Manhães, estranhou-lhe o modo agressivo com que discutia e não retrucou. Valdevino continuou a falar no meio do silêncio dos companheiros, não perdendo ocasião de aludir à sua viagem à Europa e ao bom acolhimento que tivera em Lisboa.

Camargo apoiava tudo quanto ele dizia por espírito de coleguismo e em atenção ao diretor da *Revista.* Mas Valdevino lembrou-se de que se comprometera a jantar no *Globo* com uns rapazes, e, estabanadamente, despediu-se de todos. Foi então, só então, que o Camargo abriu a boca, para dizer que o Valdevino era um idiota, uma besta!

Ismael Pessegueiro olhou Furtado e baixou a cabeça. Evaristo, mais positivo e menos convencional, estendeu a mão ao poeta:

— Toque, amigo! O senhor agora disse tudo o que muita gente pensa e não tem coragem de dizer.

— Um homem que vive a escrever asneiras e a rabiscar sujidades! Um repetidor de frases ocas! Porque veio da Europa, entende que é já um mestre, um alto personagem nas letras... Uma cavalgadura é o que ele é!

— Pobre Valdevino!... — lamentou Furtado ironicamente.

— Pobre Dr. Condicional! — fez Evaristo.

— É o que lhes digo — continuou o poeta. — Quando Ramalho Ortigão[56] aqui esteve, no Rio, a primeira pessoa que correu a beijar-lhe os pés foi ele, o Valdevino.

— Os pés ou as mãos? — inquiriu malicioso, Evaristo.

— Os pés... que ele quando adula é para beijar os pés. Em literatura, como em política, é um rafeiro dos medalhões...

— Oh!... — balbuciou com um risinho especial o representante de Alagoas.

— Pode acreditar, doutor! O Valdevino Manhães é conhecido na Rua do Ouvidor; toda a gente sabe de quanto é capaz aquele idiota...

O secretário interveio com uma pilhéria.

— Vocês esquecem-se de que estão a falar do autor do *Juca Pirão...*

— Belo título de uma obra: *Juca Pirão* — continuou Camargo. — Vejam vocês até onde pode chegar a estupidez humana!

— E é verdade que existe essa obra? — perguntou o deputado.

— É, doutor, infelizmente é! Faça o senhor ideia: um livro com o título de *Juca Pirão!*

O Dr. Ismael carregou uma risada cheia de sarcasmo.

— Deixem o pobre homem... — suplicou o Furtado. — O Valdevino é uma boa criatura...

— Ouvi dizer que tem a mania do renome literário, é verdade? — perguntou o Evaristo.

— Mania que o há de levar ao hospício — resmoneou o Camargo.

— Esses literatos, esses literatos... — disse com mistério o Holanda.

— Vivem se digladiando! — acabou Furtado. — Queres mais cerveja, oh Camargo?

— Não, não, *merci...*

56 Jornalista e escritor português (1836-1915).

— Doutor, outro copo...

— Obrigado...

— E tu, Evaristo?

— Eu também recuso.

— Então podemos levantar acampamento.

Ergueram-se os quatro fumando, com grandes ares de capitalistas.

A Rua do Ouvidor estava num de seus dias de festiva alacridade, inteiramente cheia, como um rio a transbordar, tumultuoso, murmurejante e iluminado por um sol acariciador de primavera. Iam e vinham os *habitués* de ambos os sexos, numa procissão de *toilettes* vivas, num burburinho de festa pública entrechocando-se, acotovelando-se. Famílias conversavam à porta das lojas, moças e velhas madamas, senhoras de todas as idades e de todos os tamanhos, rindo, como se estivessem no interior de suas casas, beijando-se alto, enquanto os pais e os maridos discutiam política à porta dos cafés, à espera que elas acabassem de "fazer as compras". Ecoavam gargalhadas entre os homens. Uma banda de música a tocar polcas e valsas faria toda aquela gente esquecer-se de que estava na Rua do Ouvidor e cair num grande bailado ao ar livre. As maiores notabilidades da política, da literatura e das artes, os mais conhecidos escritores e homens de Estado viam-se ali, em grupos, à porta do Café de Londres, do Castelões ou do Pascoal, frechando, com o olhar, o madamismo suspeito e as *demoiselles* ricas, assistindo ao desfilar tumultuoso das *cocotes,* e das condessas, biografando-as uns aos outros com risinhos de inveterada malícia, observando-lhes o andar, os meneios, a *toilette,* a opulência das carnes, como se as quisessem devorar num ímpeto de canibalismo sexual, acompanhando-as a perder de vista, gulosos, famintos e banais. Moços de flor ao peito, no rigor da moda, alguns chegados de Paris, iam e vinham, numa ostentação pedantesca de polainas, de casimiras claras, de coletes brancos e de frases tolas, cumprimentando à direita e à esquerda, eretos como figuras de vitrina. Os armazéns de modas enchiam-se; enchiam-se os cafés e as confeitarias, e o zunzum aumentava de entontecer, dentro das lojas e na rua.

— Sabes quem é aquela, oh Evaristo? — disse, parando, o secretário.

Indicava uma senhora de presença estranha, muito bem vestida, que ia pelo braço de um cavalheiro, na outra calçada. Um movimento de ansiosidade propagou-se no trecho da rua.

— Quem é?

— A baronesa de Lima-Verde, uma das mulheres mais formosas do Rio de Janeiro...

— Oh!... Vai com o marido...

— Isso é o que ainda não está suficientemente provado.

— Que queres dizer?

— Afirmam uns que o marido, o Barão, passeia na Europa e que ela, a baronesa... não gosta de andar só...

— Aquele senhor é então o cunhado, o irmão...

— Qual cunhado, nem qual irmão! Aquele senhor é sócio de uma firma de capitalistas...

O bacharel compreendeu a alusão e exclamou, voltando-se para o objeto do diálogo:

— Que estás dizendo?

— Não achas formosa?

— É realmente uma beleza... Mas então...

— Fecha os olhos, Evaristo, fecha os olhos... e não queiras saber de mais nada.

Furtado, porém, resumiu em poucas palavras a crônica da baronesa, citando nomes com um perfeito conhecimento de coisas. Entre os adoradores da ilustre senhora estava o Visconde de Santa Quitéria.

— O Santa Quitéria!

— Ele mesmo, e não te admires, porque outros de maior sisudez fazem a corte à baronesa.

O Camargo e o deputado Ismael tinham-se despedido. Os dois amigos subiram a Rua do Ouvidor, no meio de torvelinho geral, afastando-se a cada instante para deixar passar as senhoras, rompendo a multidão, esgueirando-se com as paredes, esbarrando com os transeuntes, aos encontrões, às apalpadelas quase.

No Largo de São Francisco um golpe de ar bafejou-os de improviso, como se saíssem de um túnel.

— Caramba! — exclamou o secretário. — A Rua do Ouvidor às quintas é um formigueiro! Nunca vi tanta gente!

— Olha daqui... olha daqui! — insistiu o bacharel, voltando-se no meio do largo, para a famosa artéria que regurgitava.

Era um espetáculo curioso. A rua muito estreita, com os seus sobrados de dois a três andares, com os seus arcos de iluminação, com as suas bandeiras, tinha o aspecto movimentado de uma pequena cópia de bulevar em dia de festa. Embaixo a massa negra e compacta, ondulando como uma procissão vista de longe, e um sibilar de vozes indistintas como o vago rumor de uma colmeia alvoroçada.

— Queres que te diga o efeito que isso me produz, oh Furtado?

— ?

— Lembra-me o caos, o misterioso, o incompreensível, a vertigem dos abismos... *o grande nada dos heróis que dormem...*

— *Do vasto pampa no funéreo chão!* — concluiu o secretário erguendo o braço numa pose oratória.

E fitando o bacharel:

— Estás apocalíptico, homem! Olha, não vás fazer como no Jardim Botânico, onde assassinaste barbaramente, creio que o Garrett ou o Alexandre Herculano...

— Pois é o que me parece a tal Rua do Ouvidor, e a comparação, se não é original, tem o mérito de exprimir exatamente o que eu quero dizer.

E Evaristo dava às palavras um tom de ironia boêmia sublinhando-as com um risinho cáustico e pérfido.

— Nunca hás de ser coisa alguma, porque vives a criticar a humanidade, e a humanidade o que quer é que a gente não veja os seus ridículos e as suas fraquezas.

— Pior! Achas que eu me devo subordinar aos caprichos da humanidade!...

— Que remédio tens tu!...

— O remédio dos incuráveis: a paciência...

— Bem, o lugar não se presta a discussões. Enfiemos outra vez pela Rua do Ouvidor.

— Outra vez?

— Para tomar o bonde de Botafogo...

Mas uma surpresa estava reservada ao secretário. Justamente na ocasião em que o bacharel passava diante da Notre Dame de Paris, deram de ombros com D. Branca e Adelaide.

— Oh!

— Oh!

A mesma exclamativa saiu da boca de Furtado e da esposa. Evaristo soltou um *olá!* fino, esganiçado e tão alto que algumas pessoas voltaram-se com um movimento de viva curiosidade.

— As senhoras por aqui! — estranhou o bacharel.

— Por aqui!... — repetiu Furtado.

— Que grande admiração! E os senhores também não andam passeando? — opôs D. Branca com um olhar interrogativo por trás do véu que lhe cobria o rosto.

Adelaide esperou, sorrindo, a defesa da amiga.

— Nós somos homens...

— Morreu o Neves!

— Íamos ao Banco — disse Adelaide.

— Com escala pelo Largo de São Francisco... — atalhou o bacharel.

— Nada de escândalo, nada de escândalo! — preveniu Furtado. — Já agora...

— Já agora vamos fazer um lanche ao Pascoal — interrompeu a esposa do secretário.

E os dois casais, *bras dessus, bras dessous*[57], foram andando rua abaixo tranquilamente.

Eram duas horas da tarde. A onda de povo crescia; o movimento era cada vez maior nos cafés; ouviam-se orquestrações de harpa e o pregão monótono de leiloeiros destacando no meio da vozeria dos transeuntes.

Logo depois do almoço, D. Branca, sem dizer nada ao marido, convidara Adelaide para "uma volta na Rua do Ouvidor". A tímida esposa de Evaristo, guardando os seus escrúpulos e as suas conveniências de mulher bem casada, objetou-lhe o desgosto que isso podia causar ao bacharel.

— Vais comigo, filha, vais com a tua amiga.

— E o Sr. Furtado?

— O Furtado não ralha, porque sabe que é perder tempo. É uso no Rio de Janeiro as mulheres saírem sem os maridos. Uma coisa tão velha! Outro dia fomos, eu e D. Sinhá do desembargador...

— Outro dia?

— Vocês ainda não estavam aqui; foi num sábado... Pensas que o Furtado se incomodou? Qual!

57 Braços dados.

— D. Branca! — fez a outra com um ar medroso.

— Não é nenhuma admiração, mulher. Metemo-nos no bonde, como quem vai fazer compras à cidade, sem mistérios, aos olhos de todo o mundo.

Adelaide não se resolvia. "— Sair sem Evaristo e logo para a Rua do Ouvidor!... Hum!..."

— Qual um, qual dois, rapariga; vista-se e vamos, que é meio-dia.

— D. Branca, D. Branca!

— Pior!...

— ...Mas a senhora se responsabiliza, então...

— Responsabilizo-me pelo que você quiser.

— Bem... depois, depois!...

E Adelaide, atraída pelas cavilações da esposa do secretário (sempre fértil em expedientes), levada mesmo por um irresistível amor de se mostrar, de se apresentar, de exibir os seus formosos olhos numa rua tão pública, de ver as suas iniciais num jornal que descrevia as *toilettes* da Rua do Ouvidor.

Adelaide correu, lépida, ao guarda-vestidos.

— Olha, o de rendas, hein! — lembrou a amiga.

— Sim, o de rendas, é claro...

E daí a pouco um aroma fino, de sabonete, de pó-de-arroz e de essência de Houbigant espalhava-se em toda a casa — no primeiro e no segundo andar; fechavam-se gavetas com açodamento, farfalhavam sedas e tiniam joias. D. Branca por um lado e Adelaide por outro, esmeravam-se nas *toilettes* como se fossem a um baile ou a alguma festa de rigor.

— Pronta?

— Pronta... — respondeu a esposa do bacharel, dando um jeito no vestido, ao mesmo tempo que se revirava para o grande espelho do toucador.

E saíram de chapéu-de-sol aberto, uma jovialidade infantil, pelas ruas de Botafogo, a tomar o bonde. Os passageiros olhavam-nas com esse olhar curioso e indiscreto que às vezes confunde uma mulher honesta com uma *horizontal.* Adelaide ia um pouquinho no ar, um bocadinho *gauche*[58], às voltas com a luva da mão esquerda que não queria abotoar, sempre tímida, em contraste com os modos vivos da esposa do secretário.

58 Desajeitada.

Um senhor de óculos e barba grisalha cumprimentou-as.

— Quem é?

— Não conheço...

— Nem eu...

D. Branca não se lembrava, ou fazia que se não lembrava: era um dos titulares de Botafogo, o comendador Beltrão, dono de uma grande fábrica de cigarros. Não gostava de cumprimentar os homens de fisionomia idosa. — "Ora, o Beltrão... um velho!"

— E se encontrarmos o Sr. Furtado? — balbuciou Adelaide.

— Melhor... voltamos em boa companhia.

Mas o pensamento da jovem senhora estava no outro, no bacharel, no Evaristo. — Que diria ele, depois? Que ela já o não consultava em seus negócios, que não era a mesma Adelaide, que não fazia caso dele, talvez... E como explicar a sua ida à Rua do Ouvidor, como convencê-lo de que D. Branca a arrastava responsabilizando-se perante ele, como? Os homens não acreditam facilmente nas mulheres, enquanto não as veem chorar, enquanto não as veem de rojo a seus pés... Há dois anos que eram casados e nunca Evaristo duvidava das suas palavras; mas agora, no Rio de Janeiro... quem sabe? Talvez não as aceitasse logo, como na província. Outras ideias. O mundo é todo cheio de contradições...

— Vamos voltar? — propôs ela à amiga.

E ia pretextar uma dor de cabeça, uma dor no fígado, um incômodo qualquer, mas D. Branca atalhou:

— Voltar? Que ideia! Eu, nem que me pagassem; meu rico vestidinho há de dar que falar hoje à Rua do Ouvidor. Voltar por quê?

— Por causa do Evaristo... — sorriu timidamente Adelaide.

— Ora, minha filha, tenha juízo! Então você é alguma criança? O Sr. Evaristo é um rapaz inteligente, um homem de bem, um cavalheiro... Os tolos é que prendem as mulheres, como se elas fossem escravas. Já lhe disse que me responsabilizo...

— Eu sei, mas...

— Não admito razões. A senhora vai comigo; quem a leva sou eu.

E, em todo o trajeto de Botafogo à Rua do Ouvidor, uma e outra mereceram grandes elogios, grandes exclamações e vivos olhares de capitalistas e doutores que, mesmo na faina dos seus negócios, nunca se descuidam do sexo amável.

No ponto dos bondes houve um senhor que lhes dirigiu a seguinte frase cheia de ocultas intenções, numa voz melíflua e carinhosa:

— Como são lindas!

E outro, mais adiante:

— Oh, que beleza!

E ainda outro, já em plena Rua do Ouvidor:

— Deliciosas!

Tudo *gente séria,* moços bem vestidos, de colarinho alto e chapéu de forma e anéis de brilhante.

Adelaide não sabia como pisar, nem que jeito desse às mãos, nem onde pusesse os olhos, vendo surgir, de repente, o bacharel e agarrar pela gola do fraque um homem daqueles, e culpá-la, e dar escândalo! Arrependia-se mil vezes de ter acedido às instâncias de D. Branca.

A esposa do secretário, num coquetismo de mulher fácil, abanando-se com o rico leque de plumas, uma ostentação imperiosa de sedas e gazes, resplandecia ao lado da amiga. Todos os olhares cravavam-se nela, no seu belo porte de mundana, nas suas formas rijas que o espartilho evidenciava, torturando-a.

— Bela rapariga! — foi uma das exclamações que lhe chegaram ao ouvido. E ela como que redobrou de altivez, aprumando-se, garbosamente.

O instinto ou o que quer que seja levou-a a tomar o caminho da Praça, pela Rua Direita. A mulher tem uma espécie de faro tão pronunciado e admirável como em certos animaizinhos de estima. D. Branca ia pelo faro, quando quem lhe havia de surgir? O Visconde, o respeitabilíssimo Santa Quitéria... Vinha de uma assembleia-geral de acionistas no Banco.

— Oh, excelentíssimas, folgo de vê-las! — exclamou o banqueiro estendendo a mão, todo inclinado, primeiro à Branca e depois à Adelaide. — Andam passeando?

— Andamos passeando... — murmurou a esposa do secretário.

E emendou logo:

— Vamos fazer umas compras.

— Ah!... Está muito bem, está muito bem.

— O Sr. Visconde já veio de Petrópolis.

— Sim, excelentíssima; Petrópolis está deserto... Desde que a família imperial mudou-se para a Tijuca que Petrópolis está deserto. O imperador embarca definitivamente na próxima semana.

— Para a Europa?

— Exatamente.

E, com um ar compungido, o Visconde acrescentou:

— Pobre velho! Vossa excelência não o conhece...

— Por que, Sr. Visconde?

— Porque... porque reputo gravíssimo o seu estado...

Adelaide prestava atenção à conversa, olhando o banqueiro, medindo-o de alto a baixo, examinando-o.

— Que está dizendo?

— Gravíssimo... E comigo pensam os doutores da ciência.

— Pobre velho! — repetiu D. Branca sensibilizada. — Eu imagino a imperatriz...

— A imperatriz não o abandona; segue também.

— Coitada! E os príncipes?

— Os príncipes ficam em companhia da princesa. Pelo menos é o que se diz...

— Um homem tão forte, um hércules! — exclamou a esposa do secretário.

— As aparências iludem, minha senhora, e a morte é traiçoeira. Andam, então, fazendo compras?...

— Fazendo umas comprinhas...

— Bem, não as quero importunar.

E o Santa Quitéria descobriu-se, apertando, com uma delícia enorme, a mão enluvada e fina de D. Branca.

— Recomende-me ao nosso Furtado...

— Agradecida.

Oh, como ela desejaria prolongar aquele *tête-à-tête,* aquele doce encontro!... Mas o movimento era grande na Rua Direita, e não menos grande a língua do povo.

O banqueiro afastou-se, num gracioso ademane, e elas, depois de ligeira hesitação, voltaram pela Rua do Ouvidor.

Novos ditos, novas exclamações.

De um grupo, à porta de uma confeitaria, saíam estas palavras:

— As mesmas! As mesmas!

E uma chusma de olhares cobiçosos assaltou-as.

Entraram numa grande loja de fazendas, trocaram algumas palavras com o caixeiro, moço amável que trazia sempre a ponta do lenço fora do bolso do paletó, e — obrigada, hein, muito obrigada!... — saíram.

Foi então que o bacharel bispou-as, quando ele e o secretário voltavam do Largo de São Francisco, e os dois casais resolveram-se a tomar *qualquer coisa* no Pascoal.

A presença de Adelaide àquela hora na Rua do Ouvidor significava, para Evaristo, uma desconsideração, aos seus hábitos e às suas normas — um desvio da esposa, uma quebra de respeitos... Sempre a conhecera tímida, obediente às suas prescrições e inimiga de se apresentar onde ele não estivesse, e agora via-a na rua mais pública do Rio de Janeiro, em grande *toilette,* como uma senhora habituada ao luxo e à publicidade, que não receia o eco das más línguas, nem a audácia dos ociosos! É certo que ia pelo braço de D. Branca, mas a esposa de Furtado... a esposa de Furtado... a Sra. D. Branca... E enquanto caminhava para o Pascoal, Evaristo, silencioso ao lado da mulher, como que se empenhava na resolução de problema difícil. Adelaide merecia-lhe toda a confiança, mas, positivamente, já não era a mesma Adelaide. Vir à cidade sem lhe dizer, sem o prevenir?... Não, já não era a mesma...

E enquanto durou o lanche, enquanto estiveram na confeitaria debicando empadas e sanduíches — o bacharel manteve-se casmurro a torcer o bigode, a olhar os que entravam e os que saíam, mais filósofo que nunca, a alma vibrando numa indignação muda e tenebrosa.

Adelaide compreendeu que o havia desgostado e cruzou o talher.

D. Branca e Furtado entreolharam-se com admiração. Era a primeira vez que os viam amuados.

Capítulo 6

Ia enfim realizar-se a misteriosa e pranteada viagem do imperador. Na eterna alegria do sol, que amanhecera esplendidamente luminoso, flutuavam preces ao bom Deus pelo pronto regresso do monarca. Suspiros de saudade, louvores à boca pequena, exclamações de inconsolável tristeza erguiam-se nas ruas da cidade, formando uma atmosfera de vagas melancolias, um como ambiente glacial de apreensões sinistras que a luz triunfal do sol não espancava. Ia ficar deserta a Quinta de São Cristóvão e o Brasil sem o imperador, o Brasil sem o Sr. D. Pedro II era como um país abandonado à aventura dos selvagens... Oh, o homem extraordinário que antes de ser homem era rei! Que tristeza para o povo, que desolação para a Corte! Ninguém queria acreditar naquela viagem lúgubre como a própria morte...

No entanto, chegava a hora do embarque. Apresentavam-se as carruagens; não havia tempo a perder.

Às seis horas da manhã o desembargador Lousada e a mulher, em berlinda especial, abalaram para a Tijuca. A ilustre dama de Sua Majestade, a imperatriz, ia chorosa, com o lenço nos olhos, quase muda na sua *toilette* de seda marrom. O Visconde de Santa Quitéria, amigo particular do imperador, não quis deixar de cumprir o religioso dever que lhe impunham a amizade e a gratidão: lá foi também corretamente encasacado, de luvas pretas. E outros e outros personagens de etiqueta levaram a sua homenagem aos augustos viajantes.

Luís Furtado entendeu que melhor seria assistir ao embarque no Arsenal de Marinha com D. Branca e os Holanda. Mas Evaristo foi dizendo logo que "só costumava ir ao embarque dos seus amigos e que não transigia com as suas convicções..."

— Não se trata aqui de convicções, nem de ideias políticas — fez o secretário. — É um dever de todo o brasileiro levar as suas despedidas ao imperador, ao homem que nos governa há quase cinquenta anos e cujas virtudes o mundo inteiro admira...

— Nesse caso vai tu, eu não. O meu dever, como republicano, é não ir, é ficar em casa ou à minha banca de trabalho. Nunca recebi favor do Sr. D. Pedro II, nem ele me deve coisíssima alguma.

— Queres, então, privar D. Adelaide.

— Não, senhor, não, senhor, Adelaide irá se quiser, eu não proíbo...

— Sempre a mesma veleidade republicana; sempre a mesma tolice! — exclamou Furtado. — Hás de lucrar muito com essas ideias!

— Não é questão de lucro, é questão de consciência. Tenho o direito de pensar e de agir como entender.

— Bem; fica-te lá com a tua consciência, meu Camilo Desmoulins, e depois não te arrependas... Então, D. Adelaide vai conosco?

— Pode ir...

A jovem esposa do bacharel tinha, com efeito, muita vontade de ver o imperador, cujas barbas brancas ela nunca vira senão em retratos; mas o marido era homem esquisito, inimigo figadal da monarquia, cheio de escrúpulos, timbrando em continuar na Corte a mesma vida aperreada da província — um incorrigível — e ela respeitava as ideias dele como se fossem as suas próprias ideias. Resignou-se com um suspiro. O mundo não se acabava; quando o imperador voltasse da Europa, iria vê-lo...

Furtado, porém, renovou o seu pedido a Evaristo, obtendo dele uma resposta que trouxe aos lábios da esposa o mais adorável dos sorrisos. — Que sim — que Adelaide não devia perder o embarque espetaculoso do Sr. D. Pedro II... ao menos por curiosidade, por desfastio...

— Muito bem, muitíssimo bem! — aplaudiu o secretário, risonho, batendo as mãos. — Gosto de ver um republicano de ideias largas como o Evaristo. D. Adelaide agora não tem mais do que ir preparando a *toilette.*

E no dia anunciado pelos jornais, todos, menos o bacharel que os acompanhou somente até à cidade, dirigiram-se ao Arsenal de Marinha, ponto de embarque do imperador.

A galeota imperial, encostada ao cais, fumegava, toda pintada de verde e ouro, fria como uma baleia, crivada de olhares que a contemplavam num êxtase selvagem. Dentro dos muros do Arsenal passeavam oficiais de Marinha e do Exército, em grande gala, arrastando as espadas com ar marcial. Viam-se também altos funcionários à paisana, de casaca e luva, e senhoras em trajo de baile, exibindo o colo num decote pomposo de rainhas, vestido de cauda, brilhantes no cabelo.

Era intensa a luz do sol, mas o povo afluía, na rua, dominado pela irresistível curiosidade de assistir à passagem da família imperial.

Uns queriam ver o próprio monarca, outros, que o conheciam, não ocultavam o desejo de "reparar bem" na herdeira do trono, outros nada mais queriam senão lançar os olhos à imperatriz. O trecho entre o morro de São Bento e a Secretaria da Marinha estava repleto de curiosos — operários do Arsenal, ganhadores, catraieiros, no meio dos quais sobressaíam altos chapéus de forma de um ou outro personagem desconhecido que também se abalava a ver o embarque.

De vez em quando parava um carro e o povo abria alas, num movimento de exército em revista. Chegavam Ministros e diplomatas cujos nomes corriam de boca em boca.

Eram já onze horas da manhã e nada do imperador, nem sinal do augusto viajante.

A essa hora precisamente uma carruagem estacou no portão do Arsenal e logo apeou o secretário do Banco Industrial; em seguida apearam duas senhoras: D. Branca e Adelaide.

Furtado ouviu uma voz no meio do povo: — Mulherão! e, teso, ereto, numa pose de verdadeiro diplomata, disse qualquer coisa ao porteiro e entrou. As duas senhoras iam na frente com o ar compungido, silenciosas, lado a lado.

Quase no mesmo instante o povo agitou-se e mais de duas mil cabeças volveram-se para o extremo oposto da rua. Vozes exclamaram: — É ele! é ele!

Houve, então, uma balbúrdia, um atropelo, uma ânsia fenomenal. Cometas[59] estrugiram ao longe e ouviu-se um estrépito de cavalhada em correria.

Com efeito, era o imperador que chegava. A multidão abriu caminho, tal as águas do Mar Vermelho para deixar passar os hebreus, e uma exclamação uníssona, estrepitosa e límpida, vibrou no espaço:

— Viva Sua Majestade o Imperador do Brasil!

— Vi... ôôôô!

Dentro no Arsenal, uma música militar rompeu o hino com entusiasmo belicoso enquanto os vivas continuavam, fora. — Vi... ôôô! Vi... ôôô!... — sucessivamente.

O carro imperial estacou, seguido de outros carros, e o velho monarca, cumprimentando à direita e à esquerda, surgiu trêmulo, incrivelmente pálido, os olhos fundos, a barba longa como a de um profeta da antiguidade.

---

59 Tipo de fogo-de-artifício.

Compunha-se a comitiva de S. M. Imperiais, conde e condessa d'Eu, príncipes D. Antônio, D. Luís e do Grão-Pará, Visconde da Mata, Visconde de Santa Quitéria, um general, um almirante, o desembargador Lousada e a esposa, e outras pessoas de distinção.

O povo cercou o monarca e quis beijar-lhe a mão antes dele entrar no Arsenal; mas o velho, todo trêmulo, com os olhos úmidos, partido de saudade, balbuciou fitando os que o rodeavam:

— Não, aqui não: o sol está muito quente!

— Viva Sua Majestade a Imperatriz! — berrou uma voz.

E todas as cabeças se descobriram e todas as bocas exclamaram — Vi.... ôôô! — num entusiasmo ardente e apaixonado.

Vozes de comando estrondeavam no recinto da praça; uma guarda de honra do batalhão naval fazia as continências ao monarca. E ele, muito amável, muito cheio de cortesias ao lado da Sra. D. Teresa, a *mãe dos brasileiros,* ia-se multiplicando em cumprimentos para aqui, para ali, curvado ao peso dos anos e da traiçoeira enfermidade que o minava.

Uma onda acompanhou-o vitoriando-o, aclamando-o de chapéu no ar, aos gritos de: — Viva Sua Majestade o Imperador! Viva Sua Majestade a Imperatriz! Viva Sua Alteza a Sra. D. Isabel! Viva o Sr. Conde d'Eu!

E a música repetia o hino nacional uma vez, duas vezes, três vezes, confundindo-se com o alvoroço da multidão.

Por fim um silêncio medroso caiu aos pouquinhos, amortecendo o entusiasmo e transformando-o num vago pigarrear abafado e tímido.

A galeota[60] resfolegava e dentro dela já se moviam homens pressurosos, na sofreguidão de evitar o arrocho e de se garantirem um lugar cômodo. O imperador do Brasil, com os olhos vagamente nublados, num grande círculo de homens e senhoras que o queriam ver e beijar, tinha a fisionomia resignada dos mártires que a lei desterra para longínquos países, donde não voltam nunca.

Ainda não era chegado o momento das despedidas, hora trágica dos beijos e das lágrimas. Havia uma ansiedade em todos os olhares; uma tristeza calada e circunspecta ia dominando os espíritos, empolgando-os de leve, penetrando os corações vitoriosamente.

A herdeira do trono enxugava os olhos, muito rubros de comoção e de calor, em contraste com a branca fisionomia do pai. O monarca repousava numa cadeira que lhe fora oferecida por um

60 Pequena galé de 20 remos.

velho almirante de rosto escanhoado. Mas de repente ergueu-se, compungido, e abriu os braços à filha. Sua Alteza percebeu que o velho ia se despedir e murmurou:

— Não, meu pai, eu vou a bordo...

— Vais a bordo?... Oh!...

— Sim, vamos todos a bordo...

— Conselheiro — disse então o velho para um homem idoso, fardado de ministro, que conversava com o príncipe Gastão de Orleans —, um abraço...

— Vossa Majestade permitirá que o acompanhe ao *Gironde*... — fez o conselheiro dobrando-se.

— Não quero que se incomodem por minha causa... O tempo é dinheiro...

— Não é incômodo, senhor, é um prazer e uma obrigação...

— Pois bem, vamos, para não demorar o vapor...

A essas palavras do monarca, a onda dos cortesãos agitou-se, trovejou a voz do oficial que comandava a guarda de honra, tilintaram espadas e uma fila de homens e senhoras marchou, com solenidade, para a galeota. O cais estava todo negro de gente que tinha ido ver "o embarque".

A procissão fez alto à borda d'água, trocaram-se muitos cumprimentos, D. Isabel levou ainda uma vez o lenço aos olhos, o conde abaixou a cabeça, de lado, para ouvir um general que o importunava com perguntas; uma menina de seis anos, vestida de branco, ofereceu ao imperador um buquê de flores artificiais, com dizeres em ouro numa larga fita verde, e, ao som do hino, os imperiais turistas embarcaram.

Lanchas apitavam, cruzando-se na baía, defronte do Arsenal. Uma tristeza enorme avassalou todos os corações naquele momento, e quando a galeota fez-se ao largo e o último adeus flutuou na asa de um lenço — palpitante, como um coração espedaçado — milhares de silhuetas brancas emergiram da onda negra dos que ficavam... E uma aclamação geral, clamorosa e dorida, vibrou na luz intensa, pelos cais, pelas embarcações, mar adentro, como uma celeuma de vencidos...

Adelaide chorou sem saber de quê; encheram-se-lhe d'água os olhos; quis falar e faltou-lhe a voz: era como se nunca mais pudesse contemplar aquela insinuante fisionomia do velho, meiga e boa, que ninguém ousava desrespeitar.

Estavam à sombra de uma árvore, ela, D. Branca e Furtado; dali é que tinham visto tudo — os menores movimentos do imperador e da família imperial até a hora do embarque.

Os olhos da esposa de Evaristo iam e vinham, de um lado para outro, e pouco a pouco foram-se umedecendo, pouco a pouco foram tomando uma expressão comovida e inquieta que o secretário logo percebeu.

D. Branca esticava o pescoço, erguia-se na pontinha dos pés, a mão enluvada no ombro do marido, equilibrando-se. Nada lhe escapou à indiscreta curiosidade: viu o desembargador Lousada e a mulher, os príncipes, a princesa, o monarca e a imperatriz e, por fim, o Visconde, o Santa Quitéria enfronhado na sua casaca solene, de braço com uma ilustre dama que ela não pôde reconhecer. O banqueiro levava ao peito um crachá faiscante, uma grande comenda que a todos causava admiração. Mas de braço com uma mulher! Oh, a esposa de Furtado arriou os calcanhares, estremeceu de ciúme, como se lhe houvessem roubado a mais querida joia, trincou o lábio num assomo de desespero, e abanou-se com fúria.

— Vocês não estão sentindo calor! — disse para Adelaide e o secretário.

— Muitíssimo! — exclamou Furtado.

— Muito — respondeu Adelaide.

— Oh, eu estou sufocada! Se houvesse água por aqui...

— Arranja-se — tranquilizou o marido. — Queres?

— Quero, sim, tem paciência...

E quando ele afastou-se, muito cavalheiro, para trazer água:

— Viste o Santa Quitéria? — perguntou D. Branca à amiga.

— Não.

— Que pena! Pois ia de braço...

— Com quem?

— Com uma velha, com uma mulher horrivelmente feia...

— Sim.

O Santa Quitéria, um Visconde, um homem tão elegante!

— É para você ver o que são os homens.

— Não, que há homem de muito bom gosto! Eu não creio que o Visconde esteja cego...

— Exigências de ocasião, coitado! Ele até acha quase todas as mulheres feias... Pelo menos já o ouvi dizer.

— É, mas lá ia com uma coruja!

Adelaide achou graça no epíteto e, sem desviar os olhos da onda de gente que se aglomerava no cais, respondeu com um sorriso em que se lia toda a tristeza de uma alma ingênua. Não podia esquecer o imperador com a sua longa barba muito branca, uma névoa no olhar, inclinado para frente, caminhando devagar, como quem já está marchando para a sepultura... Tinha os olhos úmidos ainda e ficava-lhe dentro d'alma uma piedade imensa, uma ternura por aquele velho tão diferente do que ela imaginava...

Um servente aproximou-se com uma bandeja e água para as duas senhoras.

Furtado vinha com um riso de profunda ironia nos lábios.

— Este mundo! Este mundo!...

— Que é? — perguntou D. Branca olhando o secretário.

— Adivinha, se és capaz!

— Eu não...

E Furtado cruzou os braços em atitude de misteriosa surpresa.

— Olhem que a vida é uma comédia!...

— Explica-te, homem! — tornou D. Branca, muito inquieta já.

Adelaide tinha uma interrogação curiosa nos olhos.

— O Condicional, Branca, o Dr. Condicional, sabes? O grande republicano, o inimigo dos reis, o poeta da *Ode à Coroa,* todo empertigado, assistindo ao embarque do imperador, entre os amigos da casa imperial! — exclamou o secretário num tom de comiseração.

— Ora!...

— Não achas um cinismo, uma pouca-vergonha?

— Está você a se preocupar com um idiota!

— Porque, minha mulher, inda outro dia ouvi o Manhães dizer horrores de Pedro Segundo e agora vejo-o aumentando o número dos monarquistas!...

— O Evaristo é que havia de se rir muito — disse Adelaide.

— E com razão, com toda a razão!

— Vamo-nos daqui — interrompeu D. Branca.

— Vamos... vamos — concordou Furtado. — Este mundo! Este mundo velho!

Já não havia quase ninguém no Arsenal e fora, na rua. Tudo nos cais da cidade, no Pharoux, no Arsenal de Guerra, na Lapa, na Glória, no Flamengo... até Botafogo, para assistir à saída do *Gironde.* Viam-se grupos de homens e senhoras no alto dos morros, à luz quente do sol. Prolongava-se o cordão negro dos espectadores até os confins da Praia Vermelha — extensa linha de curiosos que abandonavam o trabalho, as oficinas, as repartições na ânsia de ver as últimas despedidas do monarca.

Com as primeiras salvas de bordo explodiu o sentimentalismo ingênuo do povo. Aqueles tiros ritmados, um após outro, e logo todo o confuso estourar da artilharia dos navios de guerra e das fortalezas, numa balbúrdia de mágica, eram como o último adeus, a um general que se enterra.

Às salvas corresponderam ruidosas aclamações: — Viôôô! Viôôô!... Viôôô!

E o *Gironde* singrava barra fora, numa inconsciência de ave que solta o voo para a morte... O olhar da multidão acompanhou-o longe, como se o quisesse levar até o fim da travessia.

Mas a distância encobriu tudo numa névoa... desde esse dia ficou entregue o governo à Sua Alteza Imperial Regente D. Isabel, herdeira do trono.

— Agora é mais fácil arranjar uma comissão à Europa — dizia Furtado à esposa.

— Por quê?

— Já te não lembras de que a princesa é nossa comadre?

— Sim... sim... Qual Comissão à Europa! Estamos muito bem no Brasil!

— Isso hei de ir custe o que custar! Morrer sem ir à Europa? Não. Morrer depois de ter gozado...

— Bem, mas eu fico...

— Pois fica; é como quiseres.

— O Sr. Furtado deseja tanto sair do Brasil? — perguntou Adelaide entre admirada e risonha.

— Não é sair do Brasil, é passear, viajar, gozar um pouquinho as decantadas belezas do Velho Mundo.

— Eu irei depois, quando já o conheceres — tornou D. Branca.

— Pois sim, pois sim, irás depois...

Nesse andar chegaram a Botafogo. Evaristo lia, repoltreado na espreguiçadeira, um panfleto abolicionista que trouxera da rua. Ao som da campainha, fechou o volume e correu ao balaústre da escada.

Primeiro entraram as duas senhoras; Furtado vinha atrás falando ao criado: se não esquecera de dar alpiste ao canário? se alguém o procurara?...

O bacharel, com o livro na mão, rompeu de cima:

— Embarcou, o homem?

— Oh!... já vieste?

— Há mais de uma hora. Então, como se foram?

— Perfeitamente bem.

— O homem sempre embarcou?

— Por que não havia de embarcar?

— Está salva a pátria! — exclamou Evaristo, interrompendo o secretário. — Deus o leve, que de monarcas não precisa o Brasil.

— Evaristo! — ralhou Adelaide, encaminhando-se para o segundo andar.

— Boa tarde, Sr. Evaristo! — cumprimentou D. Branca.

— Boa tarde, excelentíssima! Estimo que se tenha divertido...

— Ao contrário...

As duas famílias recolheram-se aos seus aposentos.

O bacharel estava de bom humor àquela hora e tanto bastou para que Adelaide exultasse. Abraçaram-se no alto da escada, ela muito meiga, com a face incendida de calor, as luvas amarrotadas, ele todo em roupa branca, o cabelo penteado, em chinelos de couro.

— Então?

— Então é que vi o homem.

— Viste-o?

— Vi... Não te conto nada... quase chorei...

— O que, minha mulher!

— Quase chorei, sim. Tive pena do velho, coitado!...

— Oh, coitadinha, quase chorou!... Faltou o *quase*, não é assim? E... faltou o *quase*... E depois? Não houve quem te socorresse com uma mamadeira?

— Aí vem o Evaristo!

— Sim... uma mulher que chora por causa do imperador!...

— ... Mostra que tem coração...

— Mostra que não tem juízo!

— Mas eu não te disse que chorei...

— Faltou o *quase*...

Houve um rápido silêncio, enquanto Evaristo acendia um cigarro. As janelas estavam abertas, como de ordinário. Lá longe os morros e o cemitério.

— Então, viste o homem!

Adelaide despia-se defronte do toucador. O leito de casal, o mesmo que Furtado comprara no dia da instalação do bacharel, saltava aos olhos, enchendo quase todo o aposento. Ouvia-se o tique-taque de um relógio invisível. Cheirava a perfumarias, como se estivesse num armazém de modas.

— Ah!... sabes quem foi ao embarque?

— ?

— O Dr. Condicional...

— O Valdevino Manhães?

— O Valdevino Manhães...

— História, Adelaide!

— Palavra! O Sr. Furtado viu-o numa roda de homens.

— É possível? — exclamou Evaristo com um ar incrédulo, fitando a esposa.

— Não juro, porque não vi, mas o Sr. Furtado...

— O Furtado viu?

— Disse-nos ele...

— Ora, eis aí o que são republicanos no Brasil! Por isso é que os monarquistas riem de nós, por isso é que ninguém toma a sério a República!

Adelaide continuava a se despir tranquilamente, numa exibição de ombros e de braços, repuxando o colete, as saias, até ficar em camisa diante do marido que lhe não estranhava a ingênua familiaridade. Ninguém, senão ele, podia vê-la naqueles trajos simples, quase primitivos, que a outro homem seriam escandalosos. Ninguém, porque o sobrado era alto e as janelas davam exatamente para o deserto panorama das montanhas e para a longínqua tristeza de um cemitério. Demais era tão grande o calor, tão abafada a atmosfera naquele dia, que impossível se tornava a uma pessoa que chega da rua fechar-se num quarto.

Oh, como lhe arrepiava a pele o contato dos ombros nus e dos braços nus com o estreito ambiente, onde sempre corriam as primeiras brisas da tarde! Uma ideia pousou-lhe no cérebro, traiçoeira como uma mosca: se Furtado a visse em camisa de renda, o colo descoberto, os pés nus no tapete?... Se, em vez do bacharel, aquele homem que ali se achava diante dela fosse o secretário?... Oh, não... nem era bom pensar... Ele, que ousava dar-lhe um beijo na mão...

— Realmente! — suspirou Evaristo.

Adelaide olhou-o, já esquecida de Valdevino Manhães.

— Que é?...

— O Condicional, filha, o Condicional renunciando às suas ideias políticas! Um homem que vociferava contra o imperador e a monarquia! — E Evaristo, indignado, pôs-se a andar de um lado para o outro da sala, com o panfleto abolicionista na mão. Ultimamente encasquetara-se-lhe, como uma ideia fixa, o programa republicano: abolir a escravidão e declarar a república brasileira, *o governo do povo pelo povo...* Um dos membros do partido já o convidara para sócio e ele se comprometera a tomar parte ativa nas reuniões do clube. Daí a sua indignação contra o Valdevino que também apregoava entusiasmo pelas ideias liberais de Saldanha Marinho[61] e de Quintino Bocaiúva[62]. Não lhe saía da cabeça o poeta da *Ode à Monarquia!* Como é que um homem tão depressa abjura das suas crenças? Como é que se explicava essa pouca-vergonha de um escritor público?

Sentou-se, afinal, e continuou a interrompida leitura do panfleto. Daí a pouquinho vieram avisar que a sopa estava na mesa.

61 Político pernambucano (1816-95), importante líder republicano.
62 Político carioca (1836-1912), importante líder republicano.

Capítulo 7

Não obstante o insucesso da primeira tentativa, Luís Furtado não renunciou aos seus projetos de conquistar o coração de Adelaide, "aquele coração misterioso e duro como uma esfinge de bronze..."

Nada de precipitar os acontecimentos, nada de escândalos! A vida é uma eterna luta: ele lutaria... Resistir às tentações do homem quase que é um dever de toda a mulher. A sociedade aí está de olho aberto para, de chofre, cair, como um raio, sobre os visionários do amor, os que transgridem as leis da Moral com prejuízo de terceiro... E a mulher, a pobre mulher é quase sempre a vítima indefesa — o cordeiro imolado em sacrifício do homem. Resistir, todas resistem; poucas, no entanto, levam a resistência ao fim.

Adelaide era o que se pode chamar uma esposa meiga e boa, tinha todos os predicados de uma senhora honesta... Mas Luís Furtado queria-a justamente por isso, pelas suas excelentes qualidades de burguesinha não corrompida, que idolatra o marido, que não vai a bailes, que fecha os olhos à vida mundana e que se faz respeitar em casa ou nos lugares públicos. O orgulho é tanto maior quanto mais difícil é a vitória, nos combates do Amor. — Oh, ele o sabia muito bem, muitíssimo bem... O caso de Adelaide era, além de tudo, um caso excepcional, uma tentação de nova espécie, e para os casos novos a prudência aconselhava toda a diplomacia, toda a sutileza... A primeira vez — nada! A segunda vez — nada! Mas a terceira vez... quem sabe?...

Estas considerações, fazia-as ele à noite, ao lado da esposa, ou no seu gabinete do rés-do-chão, quando estava só, ou nas horas do trabalho, no Banco, a dois passos do Evaristo, onde quer que estivesse, mesmo na rua. E concluía sempre de bom humor, um trecho de ópera a escapulir-lhe dentre os lábios como uma canção de triunfo: *Trá-lá-lá... trá-lá-lá... trá-lá-lá!...*

Ia tudo em casa às mil maravilhas, tudo inclusive o canário belga que ele tinha pendurado numa gaiola, na sala de jantar. Depois de Adelaide era a sua preocupação o canário belga; esquecia-se, a ouvi-lo cantar, pela manhã, antes do almoço, enquanto lia os jornais. D. Branca, o Raul e a Julinha não lhe davam grandes cuidados. A mulher encarregava-se dos pequenos. O Raul, esse vivia no colégio.

Quanto aos do segundo andar, os Holanda, a mesma amizade fraternal, as mesmas relações. Branca e Adelaide entendiam-se.

Evaristo é que não dispensava agora uma sortida à noite. Acabava de jantar, envergava o paletó, punha o chapéu e adeusinho, té logo... — ia assistir às sessões noturnas do Clube Republicano de Botafogo.

Adelaide habituou-se àquilo, e para não ficar sozinha no segundo andar, vinha distrair-se embaixo, na companhia de D. Branca e de Furtado até que o marido chegasse do clube, ordinariamente às onze horas, quando já não havia vivalma na rua. Nesse ínterim tocava-se um pouco de piano; jogava-se a dama ou o três-e-sete[63], conversava-se à luz do gás, na sala de visitas, ou então na sala de jantar, em torno à mesa oval coberta com um pano grosso de lã, arabescado.

O secretário ocupava a cabeceira, como nas refeições, D. Branca à direita e Adelaide à esquerda e principiava o jogo. Isso quase todas as noites, quando ninguém os vinha visitar. O bacharel encontrava-os naquela intimidade, os olhos rubros de sono, disputando uma última partida, como três pessoas muito amigas, cada uma das quais existe porque as outras duas existem.

— Boa vida! — costumava dizer Evaristo arriando o chapéu, num tom de adorável bonomia.

— Que se há de fazer senão isto mesmo? — replicava o secretário. — A política é para os bacharéis; eu prefiro as cartas.

— Como vamos de república, Sr. Evaristo? — gracejava a esposa de Furtado.

— Muito bem, D. Branca. E extraordinário o número de adesões. A ideia prospera e... *le monde marche!*[64]

— Isso é o que se quer...

— Obrigado, excelentíssima, obrigado em nome do Progresso... O elemento feminino há de colaborar na obra da redenção do Brasil...

Uma dessas noites o secretário, aproveitando a ausência de D. Branca, e, em conversa com Adelaide, aludiu, indiretamente, ao episódio do Jardim Botânico. — "Nunca mais havia de esquecer o desgosto que tivera, o doloroso instante que passara..."

Ela compreendeu a alusão, mas não teve sequer uma palavra em resposta.

63 Variedade de jogo de cartas.
64 "E o mundo gira."

Furtado continuou, baixando a voz:

— No entanto, D. Adelaide, eu estimo-a, como se fosse minha irmã. Nunca mulher alguma dominou tão poderosamente um coração. Não quero dizer que a amo, porque... porque seria uma deslealdade... Que ideia faz de mim? Pensa então que eu não considero as coisas, que me deixo levar por utopias ou por sentimentos que nivelam o homem com o animal? O meu estado obriga-me à circunspecção, ao respeito, à sizudez. Além disso, eu não desejaria para os outros o que não quero para mim...

Adelaide, sempre muda, o rosto voltado para o piano, batia com a ponta do pé no soalho, inquieta, uma exacerbação de todos os nervos, quase a romper numa caudal de desespero.

O secretário ia continuar, mas D. Branca penetrou na sala.

Daí em diante Furtado não perdia ocasião de aludir ao episódio do beijo com uma insistência atrevida, numa voz untuosa de padre que aconselha um pecador. Ela ouvia-o — que remédio! — de olhos baixos, calada, sem exalar um suspiro, sem fazer um movimento, presa ao chão, como uma estátua. Era a mesma sempre, a mesma mulher fraca, incapaz de repelir qualquer ofensa aos seus brios de esposa honesta, dócil como um animalzinho que a gente acaricia, meiga como uma pomba. E esta passividade era tanto maior porque Adelaide estimava o secretário, habituara-se a vê-lo todos os dias, a receber favores e finezas dele e D. Branca, a considerá-lo quase como um parente. Romper agora, depois de tantos meses de intimidade, que escândalo! Não pensava tampouco em ceder, isso nunca lhe passara pela ideia. Era toda de Evaristo, toda do seu marido, a quem amava e respeitava abaixo de Deus. Nada se lhe afigurava tão desprezível como uma mulher adúltera, uma mulher que pertence a mais de um homem, depois de ter escolhido publicamente um esposo, um companheiro eterno para as suas dores e para as suas alegrias. Demais Evaristo nunca faltara com os deveres de homem casado: adorava-a como se adora a imagem de uma santa; era sempre o mesmo Evaristo da província, o mesmo caráter bondoso, e reto, confiando nela, sacrificando-se por ela, respeitando-a também. Lamentava que o marido de D. Branca, "homem distinto e de tão belos modos, de tão fina educação, tentasse uma coisa impossível, julgando-a capaz de um ato vergonhoso e torpe!" Lamentava em silêncio, pungida de desgosto, e não raras vezes umedeciam-se-lhe as pálpebras, quando estava só refletindo nas coisas da vida.

E tornava a pensar: — Antes nunca houvesse deixado a casinha de Coqueiros, perdida entre árvores, longe de tentações.

Mas Evaristo chegava e ela redobrava de carinhos abraçando-o, como se quisesse pregar-se a ele, beijando-o, e iam os dois unidinhos por aquele tristonho segundo andar que sem ele era um deserto.

O bacharel agora vivia para Adelaide, para a república e para o Clube Republicano de Botafogo. Não pensava noutra coisa. A propaganda abolicionista entusiasmava-o, porque, dizia ele, feita a abolição, estava feita a república, e um país de escravos é um país atrasado. O escravo era ainda o único obstáculo para a realização da forma democrática no Brasil!

Nas discussões com os amigos ia buscar no próprio direito romano argumentos contra a escravidão. Um dia o diretor do Banco Industrial preveniu-o que "ali não era lugar de palestras"... O diretor do banco possuía fazendas em São Paulo. Evaristo queixou-se a Furtado.

— Você logo não está vendo que eu não troco as minhas ideias por um lugar de escriturário! — bradou ele. — A república há de se fazer, depois da abolição, e tudo quanto é visconde e marquês vai para a rua!

— Isso devias tu dizer ao diretor, não a mim... — obtemperou gravemente o secretário. — Por que lhe não respondeste?

— Ora, porquê! Porque não há liberdade, porque neste país domina o capital e sem dinheiro ninguém vive!

— Ah! Neste caso, meu amigo, é sempre melhor o empreguinho do que as tais ideias!

Evaristo, porém, ameaçava o diretor do banco com o novo sistema de governo, e citava episódios da revolução francesa, repetindo os nomes de Marat[65], Robespierre[66] e Danton[67], batendo com o punho na mesa, erguendo-se na ponta dos pés, num entusiasmo apaixonado pelos homens de 1789.

Furtado, às vezes, por distração, opunha-lhe argumentos em defesa da monarquia, rebaixando Marat, chamando-o de assassino, de bandido, apelando para o juízo da história e para as altas qualidades do imperador do Brasil. Via-se, então, o marido de Adelaide ficar sem gota de sangue no rosto, desabotoar o paletó,

65 Jean-Paul Marat (1743-93), líder exaltado da Revolução Francesa. Morreu assassinado.
66 Maximilien de Robespierre (1758-94), líder radical da Revolução Francesa. Morreu guilhotinado.
67 Georges-Jacques Danton (1759-94), líder radical da Revolução Francesa. Morreu guilhotinado sob a acusação de moderação.

o colete, arregaçar as mangas e berrar, como um possesso, contra os ministros da coroa, contra o regime imperial, contra os abusos do Poder!

— Eu lhe peço, Sr. Furtado, pelo bem que quer à D. Branca: não discuta política com o Evaristo! — suplicou uma vez Adelaide.

Furtado olhou-a, enternecido, e jurou, por todos os santos da Corte celeste, não mais discutir política com o Evaristo.

De modo que o bacharel agora não se expandia em casa sobre as deliberações do clube ou sobre os acontecimentos políticos da última hora.

— Que há de novo? — perguntava o secretario.

— Nada... — respondia ele com despeito.

E costumava dizer à mulher, em tom de solene desdém:

— Esse Furtado é um idiota! Não tem ideias políticas, não tem convicções! Eu, às vezes, palavra!, o aborreço!

Adelaide defendia o secretário: — "Não havia razão para aborrecer o homem, somente porque ele não era republicano... Cada qual tem a liberdade de pensar como quer... Isso de ideias varia."

— Mas discuta seriamente, prove como o sistema de governo que defende é superior ao republicano, fale, diga... mas não se ponha a rir e a insultar os outros!

— Ele não insultou...

— Insultou, sim, senhora; já não é a primeira vez que tenta profanar a glória de Saldanha Marinho! Não quero! Não admito!

— Olha que ele nos tem feito muitos favores.

— Reconheço e sou-lhe agradecido... mas não é razão... Amigos, amigos, negócios à parte.

Falavam baixinho para que ninguém os ouvisse. Evaristo acabava repetindo que ia procurar casa antes de qualquer rompimento — casa de pobre, casa de cinquenta mil réis, na Cidade Nova, no Castelo, no Morro do Pinto, no inferno!

Adelaide, sempre que o marido falava em procurar casa, estremecia. Por quê? Não sabia... não sabia por quê. Era-lhe talvez mais agradável voltar à província, deixar o Rio de Janeiro, a Corte, as aparências de uma vida fidalga, e recolher a um canto esquecido e longínquo, onde ninguém a visse... O mundo é muito grande.

— Eu o que quero é estar à vontade com as minhas ideias! — rematava o bacharel.

Nada o importunava tanto, agora, como a presença de um aristocrata. A mulher do desembargador Lousada com a sua luneta de tartaruga e com os seus modos afetados de dama do Paço; o Visconde de Santa Quitéria, muito enluvado, muito correto; barões e comendadores, que frequentavam a casa do secretário — todos o aborreciam. — "Canalha de graúdos! Corja de mandriões! Visconde... que quer dizer um Visconde? Que quer dizer um Barão? Que quer dizer um comendador?"

Adelaide pedia, cansava de pedir, suplicava de mãos postas, que falasse baixo, por amor de Deus! — Ele moderava o seu ódio aos grandes e punha-se a fumar ou a ler.

Ambos viviam muito preocupados: o bacharel com a política, Adelaide com a insistência do secretário, sem se esquecerem um do outro, amando-se como noivos em lua de mel. Ela, sobretudo, por uma extraordinária delicadeza do sentimento, por um nervosismo doentio, não lograva arredar da imaginação os olhos de Furtado, a boca sensual de Furtado, o rosto inteiro daquele homem que era como uma tentação do inferno a persegui-la, a persegui-la... Evitava-o, como se evita um perigo, como se evita um abismo, uma desgraça... Mas quase não tinha força para reagir, para dominar a impressão que lhe enchia o espírito, escravizando-a, subjugando-a imperiosamente. Via-o a todo o instante, mesmo quando ele não estava em casa — via-o risonho, afagando o bigode, olhando-a com a meiguice de um namorado, com aqueles olhos muito sedutores, de uma doçura infinita — e perdia de vista o marido, como se já pertencesse ao outro, ao estranho.

Uma noite em que o bacharel se demorava até quase uma hora da madrugada no clube, ela só faltou perder o juízo. Bateu dez horas, onze horas, e o Evaristo "na rua!" Adelaide começou a ficar nervosa, a concentrar o espírito numa ideia lúgubre... — "Se lhe houvessem assassinado o marido!... Se algum inimigo... algum ladrão o tivesse apunhalado às escuras num beco, ao sair do clube?... Que horrível coisa a viuvez de uma pobre mulher como ela, órfã e desconhecida!"

E seus olhos buscavam Furtado instintivamente, como os olhos de um náufrago a sombra longínqua duma vela. À proporção que as horas passavam, confrangia-se-lhe o coração numa angustiosa crise de desânimo.

A luz da sala de jantar entibiava-se, parecia ir morrendo aos poucos, uma consumpção lenta.

D. Branca explicou: — "era água no gás..."

Deu meia-noite. Adelaide tirou do bolso do vestido o lenço, baixou a cabeça e explodiu num choro nervoso.

— Pelo amor de Deus, D. Adelaide! Chorando à toa! — disse o secretário.

— À toa, à toa — repetiu D. Branca.

E tratavam ambos de distrair a esposa do bacharel, consolando-a, rindo, gracejando à custa de Evaristo:

— O homem está metido com os republicanos, minha senhora! — dizia Furtado. — Isso de república e como o espiritismo: põe a gente doida!

— E, depois, ele já não é criança, Adelaide! — juntava D. Branca. — Você logo não está vendo que a sessão de hoje foi maior que a dos outros dias?

Mas Adelaide não tirava os olhos do relógio, o lenço na mão, todo úmido, um ruborzinho na ponta do nariz.

— Ah! Meu Deus, permiti que aquele homem já volte!

— Há de voltar, há de voltar, por que não?

E o secretário rondava a mesa, de um lado para o outro, indo e vindo, com o seu ar de fidalgo, calça de casimira e paletó branco.

Foi então que, pela primeira vez, Adelaide viu quanto estimava o marido, quanto o idolatrava. Aquela demora doía-lhe como se o já estivesse contemplando morto no meio da casa, dentro de um caixão negro com galões de ouro...

Mais um quarto de hora: novo acesso de choro.

— Menina, tenha paciência que o homem vem! Adelaide! — ralhou D. Branca.

Com efeito, a campainha retiniu no corredor e uma alegria súbita iluminou o rosto de Adelaide, que ergueu-se para ver chegar o bacharel.

Evaristo vinha carrancudo, muitíssimo sério.

— Boa noite! — cumprimentou, respeitoso.

— Oh, Evaristo! — fez a esposa abraçando-o.

— Oh, o quê?

— Que horas!

— Então, faz-se ou não se faz a república? — interrompeu o secretário.

— Não posso responder agora; estou com muito sono... — disse, enfadado, o bacharel.

— Acredito, acredito; vamos tratar de dormir, que já passa de meia-noite.

Trocaram-se ainda algumas palavras frias, sem interesse, e os dois casais separaram-se.

Adelaide compreendeu que o marido estava de mau humor e não lhe fez a menor pergunta, a mais leve recriminação: tinha-o a seu lado — era o principal. Ele também não disse a causa da demora, nem falou em coisíssima alguma. Cantarolava baixo, desafinadamente, enquanto se despia.

Mas Adelaide não adormeceu logo; ferroava-a uma espécie de remorso, um vago arrependimento de ter pensado, com insistência, numas tantas loucuras de mulher sem juízo, nem moralidade... ela, "a mais honesta das esposas, a mais virtuosa das donas-de-casa". Como aquilo fora, não sabia; o certo é que tinha uma espécie de remorso, uma dor no fundo d'alma como um ponto negro na brancura da sua consciência.

Duas vezes viu, à luz do quarto, o rosto tranquilo do bacharel dormindo e duas vezes teve vontade de o acordar, simplesmente, para lhe dizer "que estava nervosa"; mas não se animou: preferiu respeitar o sono calmo de Evaristo. Chegava-se a ele, medrosa, supersticiosa, sentindo-lhe a quentura do corpo, a respiração ronronada, e encolhia-se muito franzina, quase a desaparecer nos lençóis, como uma criança. Uma figura de homem interpunha-se entre ela e o marido, tentadora, chamando-a com os lábios fechados em beijo, criminosamente, o olhar voluptuoso, fosforescente de desejo, pousando nela e queimando-lhe as faces.

— Evaristo! Evaristo!

— Há!... Que é?

O bacharel levantou a cabeça, espantado, os olhos muito vermelhos de sono.

— Que é?... — repetiu.

Adelaide estava diante dele fitando-o, como se o não reconhecesse. Mas, ouvindo-o falar:

— Nada... uma sombra...

— Que sombra?

— Uma coisa na parede...

— Pois tu ainda estás acordada?

Ela não respondeu; tornou a deitar-se, muda, com arrepios de frio, enroscando-se toda.

Foi uma noite de pesadelos, de sonhos incríveis e de sobressaltos.

Adelaide, pela manhã, jurou ir-se embora daquela casa, fugir para longe, voltar à província, onde nunca o demônio lhe sorrira tão de perto... Em Coqueiros, ao menos gozava tranquilidade, ninguém lhe ia meter na cabeça ideias perniciosas a titulo de civilização, nem era obrigada a luxo e a hipocrisias. E outra vez a imagem da negra Balbina, como um tipo primitivo de ingenuidade e candura, acenava-lhe do fundo da memória, recordando-lhe o passado, os tempos felizes de uma existência quase bíblica, dourada pela esperança e pelo amor... Começava a odiar o Rio de Janeiro — esse Botafogo aristocrata e imoral, cheio de convenções, onde todo o mundo era grande, onde não havia pobreza, nem sinceridade, e só se falava no Lírico, em Petrópolis e vestidos à última moda e passeios a carro e piqueniques e na família imperial! Já podia ter-se mudado, já podia estar longe de tanta mentira. A culpa era sua, de mais ninguém... Bem feito, muito bem feito!...

Andava-lhe na cabeça um enxame de ideias; palpitava-lhe o coração desordenadamente; queria, mas não tinha coragem de falar a Evaristo numa mudança breve, numa retirada escandalosa, que podia suscitar desconfiança no espírito dele. Era preciso ir pouco a pouco fugindo à tentação daquele *homem,* evitando-o, mostrando-se fria, de uma frieza de estátua, cada vez que ele se aproximasse dela, até ir-se embora da Corte com Evaristo.

E enquanto Adelaide pensava nessas coisas, sem nada dizer ao marido, o bacharel premeditava o arrasamento das instituições, ao mesmo tempo que lia, com avidez, os artigos revolucionários d'*A Folha.*

A jovem senhora estava emagrecendo, mas emagrecendo como quem sofre uma lesão oculta, uma doença profunda na parte mais delicada do organismo. Já era débil, naturalmente franzina, com olheiras sintomáticas de anemia, o pescoço esguio, o nariz afilado, a voz cansada, de um timbre melodioso, quase a extinguir-se, uma passividade meiga aos olhos; mas agora, tudo isso como que ia tomando uma expressão visivelmente mórbida aos olhos de toda a gente, menos aos de Evaristo, que os tinha voltados para a política e para os republicanos.

— Não me achas magra? — perguntava ela ao bacharel.

— Não, a mesma coisa... — dizia ele fitando-a. — Sempre foste magrinha.

Até que uma tarde, após o jantar, Adelaide, em conversa com Evaristo, disse-lhe:

— Oh! Quem me dera voltar à província!

O bacharel encarou-a.

— Homessa!

— É o que te estou dizendo...

— Então já aborreceste o Rio?

— Já.

— Pois admira... Inda não há muito tempo falavas com entusiasmo na Rua do Ouvidor e nos bailes do Cassino...

— É verdade, mas.

— Mudaste de ideia como o Valdevino Manhães de política...

— Isso mesmo. Há dias que penso doutra forma. O Rio de Janeiro é essencialmente egoísta e eu não me coaduno com a vida que temos vivido nele... De repente apoderou-se do meu espírito uma nostalgia, uma tristeza mesclada de apreensões e de desânimo... um aborrecimento das coisas que me cercam... Prefiro viver só, bem longe desta sociedade... lá no fundo da minha província, em Coqueiros, como outrora...

— Estás eloquente! — exclamou Evaristo, interrompendo a esposa.

E logo:

— Mas vem cá: desfeitearam-te? Trataram-te com menos polidez?

— Nada... todos me tratam muitíssimo bem... D. Branca é um anjo... o Sr. Furtado um cavalheiro irrepreensível... todos, enfim, com quem nos damos, são umas belas pessoas...

— E então, filha? Dir-se-ia que tens lido os romances de Georges Ohnet[68] ou os folhetins de Montepin[69] ... Se a questão é de casa, se não estás contente aqui — mudemo-nos: sempre foi este o meu desejo.

Debruçados ambos no peitoril da janela, iam assim confidenciando baixo, àquela hora crepuscular, frente para a perspectiva sombria das montanhas que se recostavam numa mudez piramidal e tenebrosa, como dorsos de dromedários fugindo nos longes de um deserto...

Havia pausas curtas no diálogo.

68 Georges Ohnet (1848-1918), romancista e dramaturgo francês.
69 Xavier de Montepin (1823-1902), escritor francês de folhetins.

O cemitério dava uma nota ainda mais triste à paisagem, àquele recôncavo da natureza, cuja melancolia tinha o sainete fúnebre da morte...

O céu, porém, o grande céu, numa impassibilidade mística, sem a dobra ou a franja de uma nuvem, sem o brilho de uma estrela precursora, vazio e desolado, era como a retratação simbólica do Nirvana oriental para onde correm as almas dos eleitos de Buda... — misterioso, inexpressivo e assim mesmo belo!

Uma claridade argentina e deliquescente, qual o reflexo para o alto de uma cidade iluminada, emergiu como os pródromos[70] de uma aurora boreal, no liso descampado que o sol ia deixando.

— Olha aquilo! — exclamou o bacharel, tocando no ombro de Adelaide.

Ela volveu o rosto à esquerda, para o lugar indicado, e, sem se aperceber de que já era noitinha, viu o medalhão esbraseado da lua no nascente, carregando toda a tristeza dos desiludidos, toda a inconsolável amargura dos infelizes, cujo olhar se embebera nele desde o princípio do mundo.

E a esposa de Evaristo não teve uma palavra de admiração, um movimento de surpresa: disse simplesmente, quase inconscientemente:

— É a lua...

E, com a face na mão, esperou que o astro bendito dos poetas lhe trouxesse algum remédio às dores, que eram muitas e profundas...

Mas Evaristo continuou, distraindo-a:

— Tu estás nervosa, Adelaide, isso é nervoso, a moléstia da moda... Vamos procurar casa, que é o verdadeiro...

— Não, não! — interrompeu ela com um arzinho de amuo. — Daqui, de Botafogo, para a província... para outro lugar... fora do Rio de Janeiro.

— Com efeito! Muito ódio tens tu ao Rio de Janeiro!

— Dizes bem: muito ódio...

— Queres, então, decididamente, voltar à doce vidinha de Coqueiros! Pois olha, não te gabo o gosto. O Rio de Janeiro sem o imperador e sem os preconceitos da monarquia, o Rio de Janeiro tal qual sonham os bons republicanos, há de ser uma coisa única! Palavra de honra como eu não desejava abandonar esta terra, enquanto não visse um homem do povo governando o Brasil!

70 Prenúncios.

— De forma que, se os médicos me aconselhassem uma retirada...

— Isso é outro caso, filha; a saúde em primeiro lugar. Mas não me consta que estejas tão doente assim...

— Pois estou... estou muito doente, muito apreensiva, muito nervosa... já não acho encanto em coisíssima alguma... Vem-me uma vontade de chorar, uma tristeza no coração...

Evaristo imaginou logo que se tratava de um primeiro filho. Oh, o seu ideal doméstico: um filho! Ouvira falar nos múltiplos sintomas da gravidez, nas primeiras manifestações desse estado... e o nervoso de Adelaide, aquela tristeza, aquela morbidez, não o enganavam...

Era pai.

Um sorriso complacente arqueou-lhe os lábios; todo ele sentiu-se invadido por uma onda de alegria e de ternura paternal. Já não estava ali o republicano exaltado, o homem feroz, o político sem entranhas, o abutre dos monarquistas e dos reis! A simples ideia de que em breve estaria com um bebê ao colo, nascido do seu amor, um novo e legítimo representante dos Holanda, fazia-o outro homem, calmo, generoso, inclinado ao perdão, amigo dos seus inimigos.

Adelaide compreendeu a ilusão do marido e sorriu também:

— Não... não é o que tu pensas...

— Não é! Ora, se é...

— Juro-te!

Mas ele, na sua embriaguez, no seu enleio, na extrema felicidade que o assaltava, respondeu:

— O futuro nos dirá...

Com uma voz tão firme, tão convencida, que a esposa, mais meiga do que nunca, tornou a sorrir e beijou-o carinhosamente.

O luar banhava as montanhas com essa claridade misteriosa que faz sonhar em coisas vagas, intangíveis, etéreas, que a linguagem humana não define. Todos os objetos que a vista alcançava pareciam diluir-se, esgazear-se numa neblina luminosa e transparente. Embaixo, na rua, os lampiões, espaçados, morriam de abandono e de tristeza.

Evaristo acendeu o gás, porque — "aquilo estava cheirando a ruínas de Pompeia em noites de luar..."

— Ora, até que enfim! — dizia ele, riscando o fósforo. — Até que, enfim, o muito digno Sr. Evaristo de Holanda acertou no alvo!

Capítulo 8

O Visconde de Santa Quitéria foi o primeiro a anunciar a chegada do monarca a Lisboa, depois a Paris, depois a Baden-Baden; recebia telegramas diretos, que lhe enviava um amigo da corte, igualmente condecorado por Sua Majestade. E no mesmo dia em que o carteiro lhe entregava o despacho, abalava para Botafogo, dentro do seu cupê de arreios novos, com a notícia na ponta da língua.

Furtado dizia logo à mulher: — "Temos novidade!" E D. Branca ensaiava o melhor dos seus sorrisos para apertar a mão ao banqueiro.

Numa dessas noites (porque era sempre à noite que o Visconde visitava os Furtado) — numa dessas noites o Santa Quitéria não encontrou Furtado em casa. O secretário tinha ido à Fábrica das Chitas visitar um amigo doente –... o que estimei bastante... — acrescentou D. Branca em segredo.

O Visconde limitou-se a um — oh! de agradecimento.

Já havia um princípio de discórdia entre os Furtado e os Holanda. Evaristo e a esposa recolhiam agora muito cedo, ao lusco-fusco, para evitar discussões com o outro casal, não obstante o bom gênio do secretário. D. Branca era sempre mais caprichosa e altiva.

De modo que o Visconde não podia encontrar melhor ocasião para um *rendez-vous*[71] amoroso.

Sentaram-se os dois, ele e ela, no sofá, tranquilamente, numa familiaridade discreta, como se estivessem nalgum remanso impenetrável, interdito a olhos e ouvidos humanos. A questão era falar baixinho, para que as vozes não ecoassem, denunciadoras, além do teto, no aposento dos Holanda.

Ouvia-se o piano de D. Sinhá, na casa do desembargador. Mas a rua, como de costume, estava silenciosa.

O primeiro movimento de D. Branca, depois de sentar-se, foi para entregar ao banqueiro uma carta que há dias lhe andava no bolso do vestido.

— Leia em casa — recomendou.

71 Encontro.

Ele tomou o envelope, com um carinho singular, e guardou-o.

— Mesmo, aqui não teria encanto...

E entraram a conversar numa voz sibilada, num tom de reza ou de confissão mal quebrando o silêncio da sala. Falavam de amor e do último encontro que haviam tido. Ela achava "um bocadinho" prosaico o escritório da Rua da Alfândega, "um bocadinho exposto".

Já se tratavam por *você.*

— Você não imagina — dizia ela — o sacrifício que me custou! E os homens ainda falam mal das mulheres...

Ele, então, fazia-se meigo, derreava a cabeça, sem prejudicar a linha correta do porte, dando palmadinhas na mão dela, numa intimidade de casal. Tirou da botoeira a rosa que trazia e ofereceu-lha com uma graça muitíssimo gentil.

Depois, ela pediu licença por um instante — mandou trazer vinho fino do Porto que o criado apresentou numa salva de prata.

Eram quase dez horas quando o Visconde quis retirar-se.

— Agora espere o Lulu — insistiu D. Branca. — Ele não deve tardar...

— Já se havia demorado tanto! — retrucou o banqueiro. O amigo Furtado chegava cansado... e não era bonito, não era correto... E retirou-se.

Quando a campainha deu sinal do secretário, ia para mais de onze horas. A esposa não lhe ocultou a visita do Visconde.

— Fizeste mal em o deixar ir.

— Disse que era tarde, que você vinha cansado...

— E que novidades trouxe ele?

— Que a família imperial chegou a Cannes. Os médicos receitaram duchas, estricnina e aplicação do gelo ao imperador.

— Já sei: o tratamento hidroterápico...

— Isso.

— Todos vão bem?

— Todos; o Velho mesmo tem esperança de se restabelecer.

— Coitado! Sempre muito amável, o Visconde!

— Amabilíssimo! Perguntou pelo Raul, pela Julinha, pelos Holanda... até pelo Condicional!...

Furtado já encontrara a mulher no val dos lençóis, e, enquanto se despia, ela lhe ia dizendo tudo.

A noite estava fresca: eram os primeiros dias do inverno que aproximava eriçando a cabeleira das árvores.

Evaristo e a mulher tinham visto, da janela, entrar e sair o Visconde. O bacharel não se conteve, armou o punho indignado:

— Corja!

E recolheu cheio de ódio, tempestuoso, numa das suas explosões mal contidas de jacobino[72] incendiário. — "Neste país devia haver uma forca, um cadafalso em cada esquina!"

Quanto a Adelaide, continuava a abrir-lhe os olhos:

— "Vamo-nos daqui, Evaristo... Mudemo-nos de uma vez... Abandonemos este Rio de Janeiro, que é um inferno... uma tentação!"

Furtado não a esquecera, apesar da discórdia que reinava entre as duas famílias. Era o primeiro a querer que ela se mudasse, que o bacharel fosse morar em outra casa, longe de Botafogo, mas não do Rio de Janeiro...

Adelaide cativava-o ainda irresistivelmente. Nas horas em que os dois casais se reuniam para almoçar ou jantar, ele sentia afluir-lhe do coração todo o sangue das veias numa pletora sensual, num gozo abstrato e mudo, que o desnorteava; e ela, como se lhe percebesse as secretas maquinações e a intensidade do calor afetivo, nem o olhava sequer...

As refeições eram rápidas agora — rápidas e frias como o cumprimento de um dever penoso. Trocavam-se glacialmente os — bons dias! — e quase não se falava mais, quase não se dizia outra coisa.

O bacharel era homem de resoluções momentâneas e inesperadas; opunha-se a qualquer ideia da esposa, mas acabava sempre concordando com ela, e o seu *fiat*[73] era um decreto irrevogável.

Adelaide dera-lhe a maior prova que uma mulher pode dar ao marido de não estar em via de aumentar a espécie humana, e ele resignara-se. Vendo-a, porém, definhar, emagrecer, e estranhando-lhe certos hábitos, como o de acordar alta noite, sobressaltada, o de não comer com o mesmo apetite de quando tudo andava em ordem naquela casa, e, principalmente, o de amofinar à mais leve contrariedade, chorando às vezes, como uma criança, quando ele lhe fazia qualquer censura — vendo-a nesse estado de desequilíbrio nervoso, pensou em chamar médico.

— Por amor de Deus, Evaristo, não faça tal coisa! — rogou Adelaide.

72 Os jacobinos formavam o grupo mais intransigente da Revolução Francesa. Como adjetivo, jacobino significa qualquer radical político anticlerical, antimonarquista e antiliberal.

73 Faça-se.

— Por quê? Não andas doente? Não te queixas tanto?

— Pelo amor de Deus! O que eu quero é ir-me embora do Rio de Janeiro, ainda que seja para um deserto! Arranquem-me daqui, tirem-me deste inferno, é o que eu quero...

Evaristo, meio intrigado com aquela relutância da esposa, com aquela ideia fixa de deixar o Rio de Janeiro — ela, que a princípio tanto encanto achava nele — refletiu, tornou a refletir, sacrificando, nesse duro trabalho mental, as guias[74] do bigode, que lhe não era muito farto, e optou pelo regresso a Coqueiros. Adelaide queria, não é assim? *Fiat voluntas*[75]... Em primeiro lugar estava ela, sua mulher, depois o Rio de Janeiro.

Franqueza, franqueza... ele também se dera muito mal no Rio. Hipocrisia, hipocrisia e mais hipocrisia era o que a gente encontrava. O próprio Luís Furtado e a própria Sra. D. Branca o que eram, senão uns hipócritas? O Visconde, o desembargador, o Condicional, o Pessegueiro... tudo uma corja de hipócritas! Adelaide tinha muita razão, muitíssima razão.

E sempre agitado, esfarelando o bigode, tomou o primeiro jornal que lhe caiu nas vistas.

— Que dia é hoje?

— Primeiro de maio.

— Ah... Bem; no dia dez temos vapor para o norte...

— Estás resolvido, então?...

— Mais que resolvido. Não podemos continuar nesta terra... tu, porque andas com a saúde arruinada, eu, porque tenho arruinado o espírito... De um lado o corpo, doutro lado a alma. O Rio é muito bom, sim senhores, mas para quem tem flexível a espinha dorsal e o caráter. Preparemos a trouxa!

Adelaide ficou olhando o marido, com um risinho seco e incrédulo à flor dos lábios, a mão no queixo, a cabeça inclinada numa pose de modelo vivo.

— Por que me olhas com esses olhos tão admirados? — perguntou o bacharel agarrado ao *Comércio do Rio.*

— Por nada...

— Já disse: preparemos a trouxa. Amanhã vou me despedir do Banco e telegrafar ao Rocha.

74 Pontas de um bigode.
75 Faça-se a vontade.

Adelaide continuava a olhar Evaristo, sem o compreender, sem compreender toda aquela precipitação.

— Não me venhas com histórias... — tornou ele.

— Mas...

— Que *mas* o quê! Para longe deste inferno! Para longe desta porqueira! Vive-se melhor, mais barato e mais honradamente na obscuridade da província, criando galinhas ou plantando jerimuns. Estou farto de aturar a pedantocracia de Botafogo e do Sr. Luís Furtado. Um bacharel em direito vive em qualquer parte do mundo: vou advogar, vou esperar a República no sertão!

— O que eu quero dizer é que não te precipites, Evaristo. Façamos as coisas com jeito, sem desgostar a ninguém. Olha que devemos favores ao Sr. Furtado, à D. Branca...

— Adeus, minhas encomendas! — disse o bacharel erguendo-se e atirando o jornal para o lado. — Quem te afirmou o contrário? É verdade que devo muitos favores àquele bigorrilha[76], inclusive os duzentos mil réis que me emprestou já lá vai um ano; mas por que mos não cobrou? Negócio é negócio. Agora, daí não segue-se que lhe devo beijar as mãos como um cachorrinho de *grisette*[77].

— Evaristo!

— Digo e torno a dizer: não sou um cachorrinho de *grisette* para andar beijando as mãos a fidalgos!

— Fala baixo!

— Estou falando mais baixo do que costumo...

E encerrou-se a discussão entre Evaristo de Holanda e a mulher naquela tarde melancólica demais, ao crepúsculo.

Adelaide não dormiu, pensando na brusca resolução do marido e em mil e tantas coisas fúteis que aos olhos de uma mulher inexperiente como ela, e como ela supersticiosa, adquirem estranhas proporções. Mas no meio de todas essas coisas erguia-se o vulto de um homem, que não era o Holanda, que absolutamente não se parecia com aquele que ali estava a seu lado, na cama, e de novo um extraordinário medo apoderava-se dela, um pavor inexplicável, uma covardia criminosa, que a obrigava a abrir e fechar os olhos intermitentemente... Era o vulto do secretário... "a tentação", chamando-a para o mistério do gozo e para a desonra, num apelo fidalgo de cavalheiro do Amor, num requinte donjuanesco de volúpia mundana... Sim, era ele, era. Luís Furtado acenando-lhe

76 Pessoa desprezível.
77 Jovem sedutora da classe operária.

com a felicidade efêmera de um instante, ajoelhando-se-lhe aos pés e suplicando um beijo, uma palavra de amor, um movimento de simpatia... E ela, inconscientemente, fechava os olhos para o ver melhor, e naquele sonhar acordada, ia-se-lhe a alma, num voo rápido e traiçoeiro para o marido de D. Branca... Depois voltava ao corpo donde saíra, e logo a jovem esposa do bacharel abria os olhos, trêmula de medo, arrependida como se houvesse praticado uma ação má.

Naquela noite, mais do que em todas as outras, Adelaide pensou no secretário. — Amá-lo-ia?... Não, porque adorava o marido. Talvez acabasse amando-o... Mas o futuro é tão incerto, são tão incertas as previsões humanas!... Certo é que a imagem dele não a deixava, por mais que a repelisse.

Amanheceu o dia soberbo de luz. Evaristo tornou a falar na viagem para o norte. Adelaide disse-lhe que sim, que ia tratando de arrumar as coisas, e fez um gesto de enfado.

O bacharel vestiu-se, cantarolando de bom humor, e desceu para a refeição.

— Bom dia.

— Bom dia.

Repetiram-se os habituais cumprimentos da manhã.

Mais do que nunca o almoço correu frio. D. Branca estava de olhos duros e passava os pratos com um gesto de visível apatia. Furtado aludiu, em frases lacônicas, ao último telegrama de Cannes:

— *Sua Majestade continuava no uso das duchas,* — publicado nos jornais matutinos. Leu alto, para que todos ouvissem, inclusive o bacharel, que fingiu não dar atenção.

Adelaide petiscava de leve as migalhas de arroz e os bocadinhos de fritada, baixando os olhos com cerimoniosa discrição.

Evaristo, por sua vez, guardou o mais profundo recolhimento, não aludindo sequer à projetada viagem. Ia falar ao amigo no Banco e lá mesmo ajustar suas contas.

— Vamos? — disse o secretário tomando o chapéu e palitando os dentes.

— Vamos — respondeu friamente Evaristo.

E saíram como de costume, agora menos comunicativos.

Adelaide acompanhou o marido à escada e, logo que este desapareceu embaixo, porta fora, recolheu ao segundo andar, numa crise de nervos. Não havia decorrido uma hora depois do almoço, quando D. Branca ouviu gritos finos de mulher no alto do sobrado.

— É Adelaide, minha gente! — disse arregalando os olhos para o Antônio que correra.

Os gritos aumentavam, numa progressão assustadora.

— É ela! É ela! — repetiu a esposa de Furtado investindo para o corredor.

A ama, com a Julinha nos braços, abalou também dos fundos da casa, e ela e D. Branca e o Antônio acudiram precipitadamente, aos encontrões.

O fâmulo do secretário não esperou pela patroa: galgou os degraus dois a dois, três a três, numa elasticidade felina de músculos, e, sem guardar conveniências, enveredou pelos aposentos do bacharel. D. Branca foi encontrá-lo sobrepujando Adelaide que se debatia no leito numa agitação de todo o corpo, os olhos desvairados, a face muito pálida, em convulsões histéricas.

— Mas o que foi? O que foi?! — perguntava, assombrada, a esposa do secretário.

Ninguém sabia explicar, ninguém sabia dizer o que aquilo era.

— O doutor, minha senhora, o doutor! — aconselhava o Antônio, agarrado aos pulsos da doente.

A primeira ideia de D. Branca foi pedir socorro da janela, alarmar a vizinhança, salvar a sua responsabilidade, mesmo porque não tinha àquela hora quem fosse chamar o médico ou prevenir a Evaristo. O Antônio era indispensável, a ama não saía à rua, e ela, D. Branca, estava em trajos muito caseiros para se apresentar a qualquer estranho. Que falta que fazia o Raul!

A ama, sem largar a Julinha, desceu em procura do vidro de éter.

— Depressa, rapariga, depressa! — bradava a mulher do secretário, atônita no meio da casa.

Felizmente Adelaide arriou os braços, como extenuada, e os gritos foram-lhe morrendo pouco a pouco, dolorosos e cansados, na garganta.

— Oh meu Deus, que aflição me faz isso! — imprecava D. Branca.

— Não é nada, minha senhora, não é nada... — dizia o Antônio numa voz conciliadora. — E bom desabotoar-lhe a roupa... Foi um ataque...

— Espera, Antônio, espera, que eu já desabotoo... Não saias daqui... traze um copo com água.

O copeiro obedeceu, enquanto ela ia afrouxando a roupa de Adelaide.

Veio o éter, veio a água, fizeram-se fricções, chamaram muitas vezes pelo nome da doente, a ver se ela acordava, cobriram-na com um lençol desde os pés até o pescoço, colocaram-lhe a cabeça nos travesseiros; mas a esposa do bacharel não dava sinal de vida.

— O coração está batendo? — perguntou, inquieta, a ama.

D. Branca encostou o ouvido no peito de Adelaide.

— Está, sim... está batendo devagarinho.

— E agora? — quis saber o Antônio, pronto a retirar-se.

— Agora — ordenou D. Branca — toma um tílburi e vai, vai, correndo, avisar ao marido dela, no Banco Industrial. — Sabes onde é?

— Sei, sim senhora.

— Pois vai.

O criado atirou-se pelas escadas, mais veloz que um andarilho.

D. Branca ficou à beira do leito, muito nervosa, cheia de desapontamento, velando a enferma.

Adelaide parecia dormir, numa imobilidade de cadáver, os olhos fechados, a boca entreaberta, mal respirando.

A esposa do secretário esfregava-lhe a testa e os pulsos, dando-lhe a cheirar éter, enxugando-lhe o suor que porejava do rosto. De instante a instante mandava um olhar ao espelho do toucador. — Estava tão pálida!

Afinal, Adelaide abriu os olhos com um largo suspiro que fê-la estremecer toda.

— Quer beber um pouquinho d'água? — inquiriu Branca.

A esposa de Evaristo não respondeu; olhou-a, com os olhos muito lânguidos, muito mortos, encarando, em seguida, a ama, que estava em pé a seu lado. Mas a mulher do secretário derramou algumas gotas de éter num copo e deu-lhe a beber o calmante.

— Que horas são? — perguntou Adelaide numa voz débil que lhe saía do fundo do peito com outro suspiro de alívio.

— Vai para as duas... Descanse, que o Sr. Evaristo não pode tardar...

Com efeito, o bacharel não tardou. Para isso é que havia tílburis na praça e boleeiros de encomenda. Subiu a escada num voo.

Adelaide estava melhor, muito melhor, e já se sentava na cama; recebeu-o com lágrimas, atirando-se a ele.

— Mas que foi?... que foi? — perguntava, aflito, o marido.

A esposa do secretário explicou tudo; uma crise de nervos, um desequilíbrio... má digestão, talvez.

— Uma crise? Mas não chamaram médico?

Adelaide continuava a soluçar com a cabeça no ombro de Evaristo.

— Como chamar médico, Sr. Evaristo, se não havia por quem?...

— E o Antônio?

— O Antônio foi avisá-lo ao Banco... ora, o Antônio!

— Deixavam-te morrer, minha mulher, deixavam-te expirar à míngua! — disse o bacharel transbordando ironia. — Onde há dinheiro falta piedade... Mil vezes a Cidade Nova!

— Que quer o senhor dizer com isso? — perguntou D. Branca, ofendida.

— Que quero dizer com isto? Nada, excelentíssima, absolutamente nada.

— O senhor ofende-nos, a mim e ao Lulu...

— Eu, ofendê-la? — tornou Evaristo com um sorriso de escárnio.

— Sim, senhor: ofende-nos, tanto mais quanto nunca o maltratamos... sua senhora sempre foi muito bem tratada em nossa casa.

— Perdão, eu não vim discutir.

— Não vem discutir, mas vem ofender a quem nunca o ofendeu... Isto mesmo hei de dizer ao Lulu...

E a orgulhosa D. Branca Furtado, num assomo de cólera, que nada tinha de nobreza, embarafustou, resmungando, escadas abaixo.

— Pro diabo que a carregue! — explodiu Evaristo.

Adelaide não teve tempo de lhe tapar a boca. A frase saiu inteira, completa, dos lábios do jacobino.

— Ao dinheiro oponho eu a dignidade, morra, embora, na miséria! — continuou, afagando os cabelos da esposa.

E seguiu-se uma cena muda de carinhos entre os dois.

O próprio bacharel tinha lágrimas nos olhos.

Capítulo 9

Naquele mesmo dia Evaristo de Holanda mudou-se para um hotel no Campo da Aclamação. — "Bastava de fidalgos..." Não quis levar os trastes, porque — dizia ele — não lhe pertenciam; recolheu apenas os baús que trouxera do norte, um ou outro objeto que comprara depois, inclusive um grande quadro de Tiradentes e os livros, meia dúzia de volumes encadernados.

Quando às seis horas o carro parou à porta de Furtado, a vizinhança toda chegou à janela. O desembargador Lousada, com o indefectível gorro, a mulher e a filha também apareceram, D. Sinhá, branca de pó-de-arroz, falava tão alto que se ouvia dos extremos da rua. — Só nessas ocasiões aquele trecho do bairro animava-se um pouco; o mais simples episódio, um incidente qualquer fora do comum dava às casas aspecto novo de quarteirão em festa, excitando a curiosidade dos moradores, transmitindo-lhes aos nervos uma sensação especial de alegria, de bom humor e de íntima aliança entre o corpo e o espírito. Era necessário que um sopro de escândalo varresse a atmosfera estagnada dos brasões e do preconceito fidalgo para que o longínquo recanto de Botafogo sentisse um calor de vida, um frêmito de existência animal nas artérias.

Bastava o rodar de uma carruagem: todo o mundo esquecia obrigações para satisfazer uma necessidade imperiosa do espírito e do olhar. As varandas enchiam-se, mil cabeças surgiam como peixes à tona d'água. Era a avidez do escândalo, a eterna bisbilhotice de operários e ociosos, de homens e mulheres, acordando para a faina do *dizia-se,* para a mistificação do *boato.*

Um carro à porta dos Furtado! Ainda se fosse o do Visconde... mas não — não era o cupê do Santa Quitéria... Talvez alguma visita de cerimônia... Entretanto — coisa notável! — as janelas do primeiro andar estavam fechadas e não havia ninguém na varanda do secretário!

A filha do desembargador cravava os olhos na alta frontaria do sobrado:

— "Ninguém"!

E aquele "misterioso" veículo de segunda ordem, atrelado com animais de ínfima espécie, causava arrepios de curiosidade — era como um ponto de interrogação erguido a fidalgos e burgueses no meio de uma rua sombria.

Luís Furtado passeava de um lado para o outro, na sala de jantar. Incomodava-o a brusca retirada do amigo, não obstante as insinuações odiosas da mulher. D. Branca enchera-lhe os ouvidos: que fora desacatada pelo bacharel, que o marido "da Sra. D. Adelaide" era um grosseirão; que antes nunca os tivesse admitido em sua casa; que o culpado era ele, Furtado, homem de muitas facilidades e de pouca experiência...

O secretário ouvia tudo com uma resignação de carneiro imolado, sem proferir palavra, sem a mais leve queixa. Não foi pedir explicações ao amigo: esperou os acontecimentos com a mesma calma de homem que sabe ajuizar dos homens e crê numa fatalidade que a tudo resiste e tudo domina na ordem moral e nas relações sociais.

O Evaristo era um *pancada*[78], ele o sabia melhor que ninguém: para que provocá-lo? Esperava, até que o bacharel se resolvesse a um acordo, a uma conciliação honrosa para ambos. Nenhum dos dois tinha a lucrar com um rompimento escandaloso e menos digno de cavalheiros que se prezam. Imaginava Adelaide sucumbida, os olhos em pranto, o coração intumescido de desgosto — pobre senhora! — às voltas com um homem de gênio pirrônico[79] e macambúzio, sem o necessário equilíbrio para a vida doméstica — exagerando tudo, revoltando-se contra todos.

Como ela havia de estar sofrendo, aquela pomba sem fel!

E o secretário do Banco Industrial forrava-se de uma tranquilidade assombrosa para não dar a perceber a D. Branca o pesar, o grande pesar que lhe causavam a história do *ataque* e a narrativa do episódio com o bacharel na presença de Adelaide.

Ela, coitada, ela também sentia muito, a jovem esposa de Evaristo; habituara-se àquele viver, àquela existência em comum com os Furtado e doía-lhe, agora, como um punhal que lhe enfiassem nas carnes tenras, o abandono de todas as comodidades, a separação brusca das duas famílias tão intimamente unidas no princípio, quando ela chegara ao Rio de Janeiro... E por quê? Por nada, por coisíssima alguma, por um simples capricho, por uma fatalidade!

Evaristo desceu ao lado da mulher, guiando-a na escada, todo cauteloso, carregando-a quase.

78 Amalucado.
79 Teimoso.

— Não te despedes?... — lembrou ela.

— Eu?!

E com uma ironia na voz:

— Queres me debicar...

Adelaide não insistiu: foi-se deixando levar até embaixo, à porta da rua, como uma convalescente.

O boleeiro abriu, com um movimento estabanado, a portinhola do carro e ela entrou. Foi como se entrasse numa prisão para nunca mais sair; tudo escureceu ao redor dela, como se lhe tapassem a vista com um pano negro; faltava-lhe o ar, faltava-lhe a lucidez do espírito, fugia-lhe a clarividência das coisas, fugia-lhe tudo! Apenas um objeto perdurava na sua imaginação; — triste esfinge na aridez de um deserto — a figura do secretário, mais do que nunca tentadora, numa auréola deslumbrante que o divinizava, olhando-a, todo voltado para ela, todo dela...

E um golfão de lágrimas, uma torrente de pérolas brotou caudalosa de seus olhos meigos, ensopando o lencinho de rendas que lhe dera Evaristo no seu último aniversário.

— São os Holanda, são os Holanda! — repetiu, espevitada, a filha do desembargador.

E a vizinhança toda repetiu baixinho:

— São os Holanda...

Furtado, quando soube que o amigo abalara, não sentiu menos que Adelaide a rudez do golpe, e, instintivamente, revoltou-se contra a mulher, contra a asa negra de D. Branca, origem do desespero que lhe ia no fundo d'alma. Guardou, porém, esse desespero no mais íntimo do coração, trancou-o a sete chaves lá onde ninguém o pudesse desvendar, forte como um herói vencido, e apelou para a Fatalidade...

Mas o destino é caprichoso e não quis que o secretário tomasse a pôr os olhos insaciáveis na miragem que o fizera sonhar noites inteiras, dias inteiros, na ânsia de um gozo novo.

Embalde esperou, embalde correu lugares aonde nunca o conduzira a sede de aventuras: ninguém lhe dava notícias do bacharel. Para onde teria ele ido? Como explicar o eclipse total daquela mulher numa cidade como o Rio de Janeiro, em que toda a gente se encontrava por mais que se quisesse ocultar? De que ia viver Evaristo, agora, sem um amigo que lhe desse a mão? De que ia viver a pobre Adelaide numa época tenebrosa de empréstimos forçados e de gerais clamores, quando o próprio Banco Industrial não oferecia segurança?

E enquanto por um lado apiedava-se do amigo, quase arrependido de o ter deixado ir embora sem rumo certo no *mare magnum* da vida, por outro lado reconstruía mentalmente o episódio do Jardim Botânico, em que fora protagonista a esposa do bacharel, e sentia extraordinária volúpia cada vez que se lembrava daquele beijo de fogo, mais precioso que todas as riquezas do mundo e cujo calor como que lhe ficara impregnado na boca para todo o sempre... Ela o repelira brandamente, cheia de dignidade, cheia de pudor, fiel ao homem que escolhera para esposo; mas nisso é que estava o sabor esquisito e fidalgo que lhe ainda permanecia, por um efeito da imaginação, nos lábios trêmulos...

COLEÇÃO GRANDES OBRAS

TENTAÇÃO

Adolfo Caminha

VERMELHO MARINHO

Este livro foi impresso em tipologia
Gentium Book Basic, corpo 11/12.